Madrid + Toledo

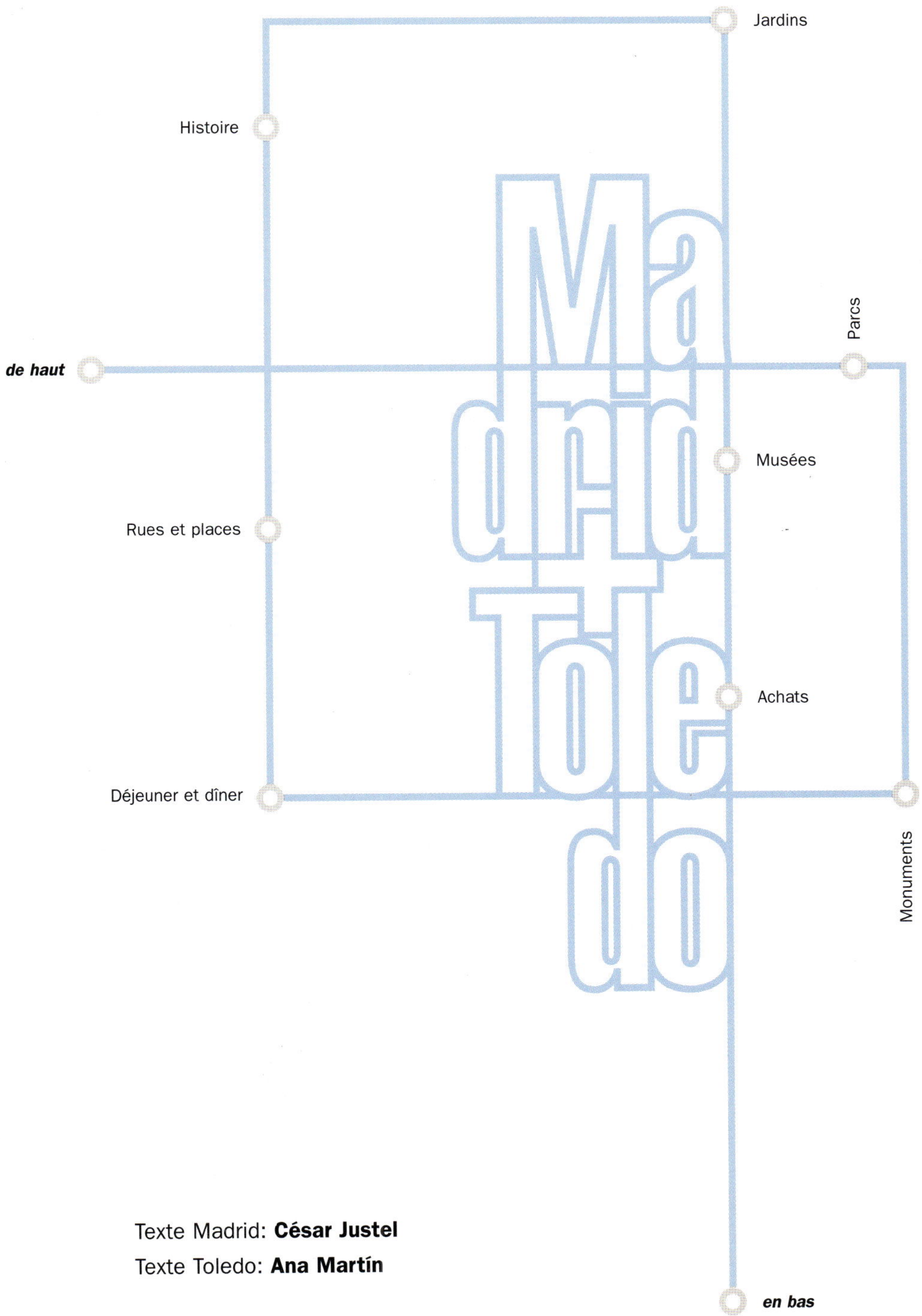

Texte Madrid: **César Justel**
Texte Toledo: **Ana Martín**

EDICIONES
Aldeasa

0
500
1000
1500 m
GLORIETA DE CUATRO CAMINOS
AZCA
Nuevos Ministerios
Metropolitano
Guzmán el Bueno
Cuatro Caminos
Ciudad Universitaria
C. DE RAIMUNDO FERNÁNDEZ VILLAVERDE
AVENIDA DE LA REINA VICTORIA
AVENIDA DE PABLO IGLESIAS
C. DE MAUDES
C. DE MARÍA DE GUZMÁN
C. DE BETANCOURT
Nuevos Ministerios
CASTELLANA
AVDA. DEL VALLE
C. DE JULIÁN ROMES
PASEO DE SAN FRANCISCO DE SALES
C. DE SANTANDER
C. DE RÍOS ROSAS
Ríos Rosas
PLAZA DE SAN JUAN DE LA CRUZ
ESPRONCEDA
AV. DE LA Pta. DE HIERRO
COMPLUTENSE
PLAZA DEL CARDENAL CISNEROS
AVDA. DE FILIPINAS
Islas Filipinas
PLAZA DE CRISTO REY
CALLE DE CEA BERMÚDEZ
Canal
CALLE DE JOSÉ ABASCAL
Alonso Cano
Gregorio Marañón
AV. DE LA VICTORIA
CHAMBERÍ
DONOSO CORTÉS
CALLE DE GARCÍA DE PAREDES
AVENIDA DE SÉNECA
CALLE DE FERNÁNDEZ DE LOS RÍOS
Iglesia
Po. DEL Grl. MARTÍNEZ CAMPOS
PARQUE DEL OESTE
Po. DE RUPERTO CHAPÍ
PASEO DE MORET
Moncloa
C. DE FERNANDO EL CATÓLICO
GLORIETA DE QUEVEDO
Quevedo
C. DE ELOY GONZALO
CALLE DE FERNÁNDEZ DE LA HOZ
CALLE DE RAFAEL CALVO
GLORIETA DE RUBÉN DARÍO
Rubén Darío
CALLE DE MENÉNDEZ VALDÉS
PLAZA DE OLÁVIDE
Po. DE CAMOENS
CALLE DE RODRÍGUEZ SAN PEDRO
ARGÜELLES
MARQUÉS DE URQUIJO
Argüelles
CALLE DE ALBERTO AGUILERA
San Bernardo
C. DE CARRANZA
Bilbao
CALLE DE SAGASTA
Alonso Martínez
ZURBARÁN
PASEO
MALASAÑA
Cuartel del Conde Duque
PLAZA DEL 2 DE MAYO
C. DE LA RIBERA DE CURTIDORES
TELEFÉRICO
CASA DE CAMPO
GLORIETA DE SAN ANTONIO DE LA FLORIDA
la Rosaleda
Ventura Rodríguez
PRINCESA
C. DE SAN VICENTE FERRER
Tribunal
Noviciado
CALLE DE GENOVA
Serrano
UNIVERSIDAD
PLAZA DE LA VILLA DE PARÍS
Colón
PLAZA DE COLÓN
Torre de Madrid
Edificio España
Salesas Reales
Templo de Debod
PLAZA DE ESPAÑA
Plaza de España
PLAZA DE CHUECA
Chueca
C. ALMIRANTE
CHUECA
Po. DE RECOLETOS
CASA DE CAMPO
Príncipe Pío
Senado
Santo Domingo
GRAN VÍA
Casa de las 7 Chimeneas
Palacio de Buenavista
Puerta de Alcalá
GLORIETA DE SAN VICENTE
CUESTA DE SAN VICENTE
Palacio Real
Monasterio de la Encarnación
PLAZA DE CALLAO
Callao
Telefónica
Gran Vía
Banco de España
PLAZA DE LA INDEPENDENCIA
PASEO DEL EMBARCADERO
CAMPO DEL MORO
Teatro Real
PLAZA DE ORIENTE
Ópera
Las Descalzas Reales
PLAZA DEL CARMEN
SOL
Sevilla
CALLE DE ALCALÁ
PLAZA DE CIBELES
Sol
Museo Thyssen
PASEO DEL PRADO
Puerta del Sol
CARR. DE S. JERÓNIMO
San Jerónimo el Real
PLAZA DE STA. ANA
PZA. DE CÁNOVAS DEL CASTILLO
AVENIDA DE PORTUGAL
MONISTROL (M30)
PASEO DEL MARQUÉS DE MONISTROL
Catedral de la Almudena
PZA. DE LA VILLA
Plaza Mayor
Po. DE EXTREMADURA
CALLE DE SEGOVIA
Puerta del Ángel
Jardines de las Vistillas
Catedral de San Isidro
PZA. DE TIRSO DE MOLINA
Tirso de Molina
C. MAGDALENA
Antón Martín
C. MORATÍN
Museo del Prado
CALLE DE LAS HUERTAS
C. DE ATOCHA
La Latina
C. DUQUE DE ALBA
PZA. DE CASCORRO
CENTRO
Real Jardín Botánico
Basílica de San Francisco el Grande
RASTRO
PZA. DE LAVAPIÉS
Lavapiés
Centro de Arte Reina Sofía
PZA. DEL EMPERADOR CARLOS V
Atocha
Atocha Renfe
Estación de Atocha
Parque de Caramuel
Puerta de Toledo
Puerta de Toledo
RONDA DE TOLEDO
RONDA DE ATOCHA
Embajadores
PASEO DE LOS PONTONES
PASEO IMPERIAL
PASEO DE LA ERMITA DEL SANTO
PASEO DE LOS MELANCÓLICOS
Palos de la Frontera

Madrid

de haut en bas

Petite histoire

Les origines

Les restes fossilisés découverts lors des fouilles des berges du Manzanares et de la butte de Saint Isidro prouvent l'ancienneté d'un établissement humain là où se dresse la ville de Madrid. D'après le calcul des archéologues, les premiers vestiges humains découverts remontent à 300.000 ans. L'époque romaine a laissé des gisements à la Casa de Campo et des restes de villas à Carabanchel et à Villaverde Alto.

Les premières données écrites sur le lieu qu'occupe aujourd'hui Madrid remontent au temps de l'occupation arabe, au IXè siècle, au cours de laquelle la petite localité qui devait exister sous le nom de Mageritum s'agrandit. On sait qu'elle se dressait sur une colline entourée de forêts dans lesquelles abondaient les ours qui se nourrissaient principalement d'arbousiers. Les deux – ours et arbousier– sont représentés sur l'actuel écusson héraldique de la ville.

Les arabes construisirent un alcazar – là ou se trouve aujourd'hui le Palais Royal – qu'ils appelèrent Magerit. Après être conquis en 939 par Ramiro II, roi de León, il est à nouveau perdu. D'autres chroniques relatent qu'en 1203 Alfonso VIII de Castilla assiégea un lieu qu'il appela Majeriacum. Ce fut ce roi qui concéda à la petite ville ses premiers privilèges municipaux. Au XIIIè siècle, le nom de Madrit apparaît lors de la participation de ses habitants à la bataille de las Navas de Tolosa (1212), décisive pour la reconquête chrétienne. À cette époque, la ville comptait un gouverneur et douze régisseurs, ses ressources provenant de l'agriculture et de l'élevage. La plaza de la Paja, qui était la place du marché, était aussi le centre de la localité jusqu'à ce que le roi Juan II (Jean II, au milieu du XVè siècle) fît construire la plaza del Arrabal qui deviendrait plus tard la plaza Mayor (Grand-place).

Le Palais Royal et la Cathédrale de la Almudena depuis le Pont de Segovia

En 1492, après la conquête de Grenade par les Rois Catholiques qui mit un terme à la présence arabe en Espagne, Madrid était un lieu de passage sur la route de Tolède, instituée ville impériale par l'empereur Carlos V (Charles Quint). Madrid continua à être une petite localité qui participa cependant aux troubles survenus à la mort d'Isabel la Católica (Isabelle la Catholique) en 1504 et qui, en 1525, retint prisonnier François Ier, roi de France, dans sa Torre de los Lujanes (Tour des Lujan). De cette époque, il reste cette tour, la tour mudéjar de San Pedro (Saint Pierre), la capilla del Obispo (chapelle de l'Evêque) et le convento de San Jerónimo el Real (couvent de Saint Jérôme le Royal).

Madrid capitale d'Espagne

Ce fut un Autrichien, Felipe II (Philippe II) qui décida de substituer Madrid à Tolède comme capitale d'Espagne, en 1560, et qui y installa sa cour. La population commença alors à croître rapidement. Parmi les ordonnances curieuses qu'émit Felipe II, il y eut celle qui lui réservait les étages supérieurs des bâtiments "afin d'y héberger les artistes et nobles qui visiteraient la ville". En conséquence, beaucoup firent construire leurs maisons avec un seul étage. Ce fut la dynastie des Autrichiens qui agrandit Madrid et qui construisit des monuments dont un grand nombre est conservé dans le vieux centre actuel.

De ce Madrid de los Austrias (des Autrichiens) déjà trop enserré par l'enceinte fortifiée, il nous reste le souvenir de cinq portes dont on ne connaît plus que l'emplacement: la puerta de Guadalajara, au début de la calle Mayor ; la puerta de Segovia, qui donnait sur la rivière; la puerta de Moros, près de la calle de don Pedro ; la puerta de Balmadeo, à côté de l'actuel convento de la Encarnación (couvent de l'Incarnation); et la puerta Cerrada, sur la place qui porte aujourd'hui son nom et qui délimite le quartier seigneurial de los Austrias du quartier de La Latina, quartier populaire typique de Madrid.

Ce fut au cours de ce célèbre *Siècle d'Or* (XVIè et XVIIè) que vécut le peintre Velásquez qui immortalisa les paysages des environs; cette période connut aussi des architectes comme Juan Bautista de Toledo et Juan de Herrera qui réalisa l'Escorial et dont le style marqua alors Madrid avec l'achèvement de la résidence royale de l'Alcazar, avec le convento de las Descalzas (couvent des Déchaussées), San Ginés (église de Saint Ginés) et San Agustín (Saint Auguste). À cette époque vécurent également les grands de la littérature espagnole: Cervantes, Quevedo, Góngora, Tirso de Molina, Calderón de la Barca ou Lope de Vega.

Place de Oriente ▸

Le XVIIIè siècle

Avec Carlos II s'éteignit la dynastie des Autrichiens qui avait aspiré à la monarchie universelle. Une lutte pour la succession s'ensuivit: d'un côté, les Bourbons avec Philippe d'Anjou, petit fils du roi de France, Louis XIV, et de l'autre, l'archiduc Carlos (Charles). Madrid prit parti pour le Bourbon et beaucoup de personnes moururent écrasées en voulant assister à l'entrée du premier Bourbon – Felipe V – au palais du Buen Retiro en février 1701. Felipe V qui passa une partie de sa vie en guerre contre toute l'Europe donna à Madrid des monuments comme la Biblioteca Nacional (Bibliothèque nationale), la Academia Española (l'Académie espagnole) et la Academia de Historia (l'Académie d'histoire), et commença la construction du Palacio Real (Palais Royal) en 1734 après la destruction de l'Alcazar dans un incendie. De la même époque datent également le paseo de la Virgen del Puerto, le Cuartel de Conde Duque (la Caserne du Comte Duc), le Hospicio (l'Hospice), la iglesia pontificia de San Miguel (l'église pontificale de Saint Michel) et les Salesas Reales (les Visitandines Royales). Parmi ses successeurs, c'est à Carlos III que Madrid doit le plus car sous son règne furent construits la Aduana (actuel Ministère des finances), la puerta de Alcalá (porte d'Alcalá), le Observatorio Astronómico (l'Observatoire astronomique), le Jardín Botánico (Jardin Botanique), le Musée des sciences naturelles (aujourd'hui Museo del Prado), le Hospital Provincial (l'Hôpital provincial) et la iglesia de San Francisco el Grande (église de Saint François le Grand). C'est alors aussi que furent tracées les grandes artères de la capitale, comme la Castellana, Recoletos et le Prado. Avec son successeur, Carlos IV, commence la décadence si bien dépeinte par Goya. Les Madrilènes résistèrent à l'invasion napoléonienne de manière héroïque, surtout en mai 1808.

Le Madrid moderne

L'aspect de Madrid change profondément avec l'arrivée des libéraux. Ainsi les ventes de biens inaliénables décrétées en 1836 et 1855 concernent surtout les édifices religieux. Sur les 65 couvents de Madrid, 17 sont démolis, 17, destinés à un autre usage, 5, vendus à des particuliers et seulement 19 (surtout de religieuses) gardent leur fonction. Le XIXè est aussi celui de la transformation de la Puerta del Sol et de l'agrandissement de Madrid. Au début du XXème, on trace et édifie la Gran Vía, et dans les années cinquante, on prolonge le paseo de la Castellana et on y construit des édifices modernes souvent financiers.

Porte de Alcalá ▸

REGE CAROLO III
ANNO
MDCCLXXVIII

La Plaza Mayor

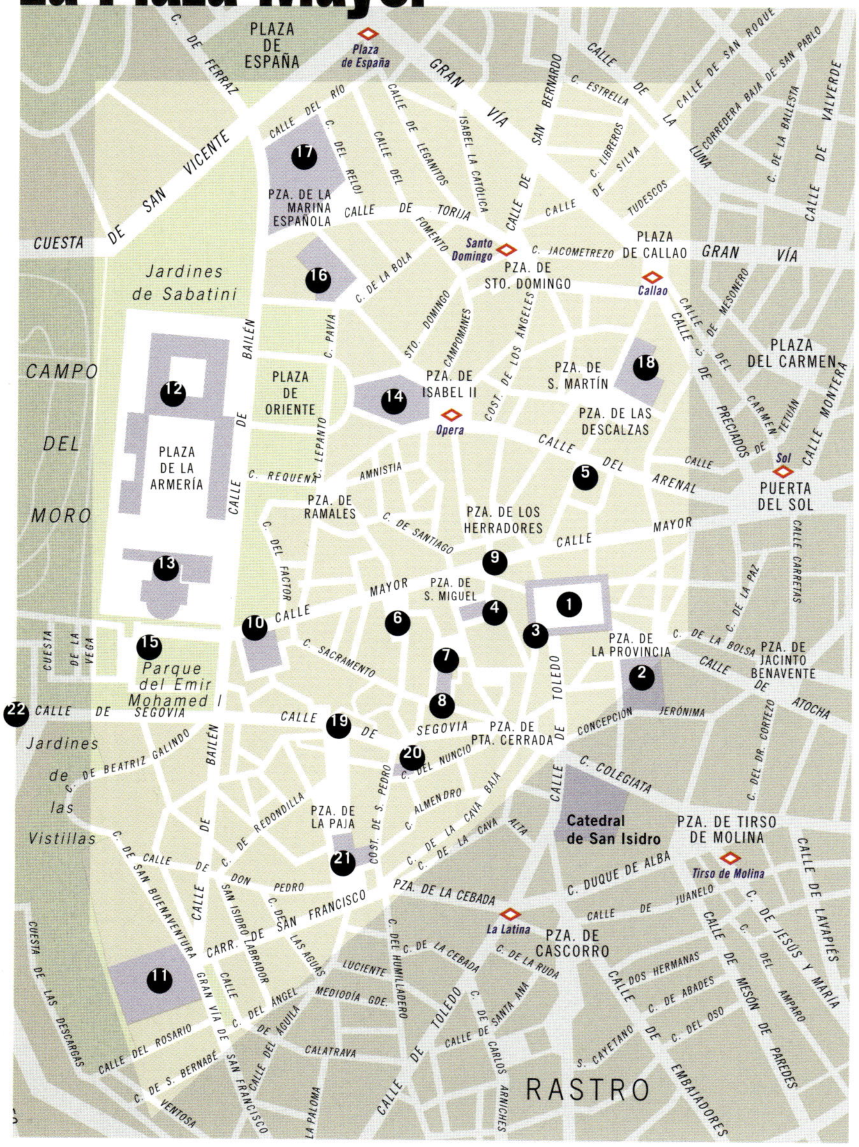

Statue de Felipe III ▸
Plaza Mayor (pag. 12-13)

1. Plaza Mayor
2. Palacio de Santa Cruz
3. Arco de Cuchilleros
4. Mercado de San Miguel
5. San Ginés
6. Plaza de la Villa
7. Convento de las Carboneras
8. Basílica de San Miguel
9. Calle Mayor
10. Palacio de Uceda
11. San Francisco el Real et Capilla del Cristo de la Venerable Orden Tercera
12. Palacio Real
13. Catedral de la Almudena
14. Teatro Real
15. Muralla Árabe
16. Monasterio de la Encarnación
17. Senado
18. Convento de las Descalzas
19. Plaza de la Cruz Verde
20. San Pedro el Viejo
21. Capilla del Obispo, Iglesia de San Andrés et Capilla de San Isidro
22. Puente de Segovia

Le Madrid de los Austrias

Le monument le plus important de Madrid, de l'époque des Rois autrichiens, est la **Plaza Mayor** (la plus ancienne d'Espagne). Ce fut Felipe II qui chargea Juan de Herrera, l'architecte de l'Escorial, de sa construction. Cependant, la statue équestre qui y est dressée est celle de Felipe III (Philippe III), qui fut le roi qui l'agrandit. À propos, le cheval que monte le roi avait à l'origine la bouche ouverte mais il fallut la lui boucher pour empêcher les moineaux d'entrer à l'intérieur du cheval et d'y rester captifs.

Les bâtiments les plus importants de la place sont la dite Casa de la Panadería (Maison de la Boulangerie – dont la façade est décorée de fresques du peintre Carlos Franco) et celle *de la Carnicería* (de la Boucherie), noms qui rappellent leurs anciennes fonctions. La plaza Mayor qui s'appela aussi place de la Constitution, Royale, de la République ou de la République Fédérale, est depuis toujours le théâtre des événements principaux de la ville ; elle a servit également d'arènes taurines, de lieu de canonisation et d'exécution. Elle fut inaugurée le 15 mai 1620 à l'occasion de la béatification de San Isidro Labrador (Saint Isidore Laboureur), le patron de Madrid.

À côté de la plaza Mayor, se trouve la plaza de la Provincia avec le **Palacio de Santa Cruz** (palais de Sainte Croix), qui fut Prison de la cour, Palais de justice et Ministère d'outremer avant de devenir Ministère des affaires étrangères. En passant par l'**arc de Cuchilleros** (Couteliers, car ils avaient là leurs boutiques), on arrive à la zone des *mesones* (auberges, certaines très folkloriques comme *las Cuevas de Luis Candelas*) et des tavernes, et à la plaza de Puerta Cerrada (Porte Fermée). Ce lieu doit son nom au fait qu'on le fit fermer au cours des XVIè et XVIIè siècles afin d'empêcher les délinquants d'y commettre leurs forfaits. À proximité, le **mercado de San Miguel** (marché de Saint Michel) conserve sa structure en fer forgé.

En traversant la calle Mayor, on trouve la **parroquia de San Ginés** (paroisse de Saint Ginés) qui eut comme paroissiens Lope de Vega et Quevedo. Elle conserve un tableau du Gréco (*Christ expulsant les marchands du temple*). À côté, la librairie la plus photographiée de Madrid, celle du pasadizo – passage – de San Ginés, qui serait du XVIè siècle et que Lope de Vega citait déjà dans une de ses oeuvres. Elle fait à la fois boutique de rue et commerce établi. Dans la même rue se trouve le palacio de Gabiria (palais de Gabiria, XIXè siècle) avec ses murs décorés de fresques et de vitraux. Ce bâtiment fut célèbre – et continue de l'être – pour abriter des boutiques de "saisies" aux prix meilleur marché qu'ailleurs.

En descendant la calle Mayor en direction de la calle Bailén, une plaque au numéro 61 rappelle que vécut là Calderón de la Barca. On arrive ensuite à la **plaza de la Villa**. On peut y contempler une construction très intéressante quoique peu connue: la grosse **tour de los Lujanes** (XVè siècle). Selon la tradition, le roi français François Ier y fut prisonnier après y être entré par la porte qui donne sur la calle del Codo (que l'on boucha pour cette raison); cette rue qui forme un angle était un lieu idéal d'embuscades. Sur la même place, on trouve la **Casa de la Villa** (la Mairie), la **Casa** – Maison – **de Cisneros** et la **statue d'Alvaro de Bazán** (qui mit fin à la puissance turque lors de la bataille de Lépante). La plaza de la Villa est le lieu privilégié des mani-

Arc de Cuchilleros (en haut) ▲
Saint Ginés (en bas)
Marché de San Miguel (en haut) ▶
Palais de Santa Cruz (en bas)

festations. Sur la place voisine, plaza del Conde de Miranda, le **convento de Carboneras** (couvent de Carboneras) qui possède de précieuses peintures est célèbre également pour les sucreries de ses soeurs cloîtrées. À proximité également, dans la calle San Justo, on peut contempler la **basílica de San Miguel** (basilique de Saint Michel, XVIIIè siècle).

Calle Mayor

La **calle Mayor** qui fut dénommée "la rue principale d'Espagne" commence à la Puerta del Sol et termine à la calle de Baílen, à l'endroit autrefois appelé Puerta de la Vega et où se trouve le "viaduc"ou "balcon des suicidés" car un grand nombre de personnes s'est jeté depuis ses hauteurs, ce qui poussa la mairie à disposer de hauts garde-fous en verre pour empêcher toute tentative de ce type. À côté se dresse le **palais des ducs de Uceda**, actuellement État-Major de la Marine et Conseil d'État. Au bout de la calle de Bailén, la iglesia de **San Francisco el Grande** (XVIIIè siècle) dont le cloître possède une intéressante pinacothèque fut terminée par Sabatini à la demande de Carlos III. Le nom de "el Grande" (le Grand) lui vient de son énorme coupole, de 32 mètres de diamètre, la plus grande de Madrid. À proximité, la **capilla del Cristo de la Venerable Orden Tercera** (chapelle du Christ du Vénérable Tiers Ordre, oeuvre baroque du XVIIè).

De l'autre côté de la calle Bailén se trouve la **plaza de la Armería** – avec l'ancienne pharmacie – et les jardins de la **plaza de Oriente** où se dresse l'impressionnante **statue de Felipe IV** (Philippe IV), un des monuments équestres les plus réussis au monde car tout son poids repose sur les pattes arrières du cheval. Ce fut ce roi qui agrandit les jardins du Retiro.

Palais Royal

Face à la plaza de Oriente se dresse le **Palais Royal** qui servit de résidence royale et aussi ministérielle. Visitable, il n'est plus habité de nos jours mais il est utilisé pour certaines réceptions royales. Les statues de rois espagnols qui l'ornaient à l'origine furent par la suite ôtées – à cause, dit-on, d'un cauchemar d'une reine qui rêva qu'elles tombaient sur le roi – et la plupart sont parties vers d'autres villes ou se dressent dans les jardins de la plaza de Oriente ou au Retiro.

La construction du Palais Royal débuta en 1737 sur le même empla-

San Francisco El Grande
En 1214 Saint François d'Assise fonda ici un petit ermitage à côté d'une fontaine, devenu ensuite une église et un couvent. Ce fut le début du monastère franciscain de Jésus et Marie où les plus importantes familles madrilènes allaient fonder des chapelles pour leurs enterrements.

Place de la Villa (en haut) ▲
Saint Francisco El Grande (en bas)
Place de la Villa (en haut) ▶
Église-couvent "Santísimo Sacramento" (en bas)

CERVEZAS
77

cement qu'occupait l'Alcazar détruit dans un incendie trois ans plus tôt. Les travaux durèrent presque trois ans et furent dirigés par les architectes Juan Bautista Sachetti, Ventura Rodríguez et Sabatini. Son style dénote une claire influence française.

La forteresse du premier Madrid fut construite ici par l'émir de Cordoue Mohamed Ier pour protéger Tolède des attaques chrétiennes, ainsi que le célèbrent d'anciens poèmes: "Madrid, célèbre château, qui apaise la peur du roi maure". Il ne reste plus rien de ce château mais la rue Cuesta de la Vega conserve quelques pans de l'ancienne **muraille arabe**.

On peut voir à proximité les **jardins de Sabatini** qui occupent le lieu où se trouvaient les écuries royales, et plus bas le parc Campo del Moro. Également, la **cathédrale de la Almudena** et, sur la plaza de Oriente, le **Teatro Real** (Théâtre Royal) qui fut inauguré en 1850 et qui fut fermé pendant presque cinquante ans parce que sérieusement lézardé. Il fut réouvert au public en 1966 en tant que salle de concert mais fut fermé de nouveau car on y entendait le métro. En 1988 commença la dernière réfection qui

L'alignement de rois espagnols présente curieusement deux rois précolombiens: les empereurs Moctezuma du Mexique et Aahualpa du Pérou avec de spectaculaires coiffes. Après avoir décoré d'autres lieux, ils sont aujourd'hui exposés sur la corniche de l'étage supérieur du palais.

Palais Royal ▸

Cathédrale de la Almudena ▾

dura jusqu'en 1996 et qui en a fait un des meilleurs opéras d'Europe. La façade postérieure du théâtre donne sur la plaza de Isabel II où se dresse une statue de cette reine. De cette place part la calle de Arrieta qui mène à la plaza de la Encarnación.

Un cheval en équilibre
Quiconque se demandant comment le cheval de la plaza de Oriente peut tenir en équilibre doit savoir que ce fut Galileo Galilei qui souffla l'idée à son auteur Martínez Montañes: laisser creuse la partie de devant et remplir celle de l'arrière. Sur l'un des bas-reliefs de son piédestal, on peut voir Felipe IV décorant Vélasquez de la croix de Santiago.

Monasterio de la Encarnación
(Monastère de l'Incarnation)

Il s'agit du plus important édifice religieux de la ville depuis que Madrid est la capitale. Il fut fondé par la reine Margarita, épouse de Felipe III, et son musée renferme de grandes richesses. Mais sa renommée est surtout due au fait qu'il conserve, depuis le XVIIè siècle, une ampoule contenant le sang de saint Pantaleón qui se liquéfie chaque année, le 27 juillet, anniversaire de la supposée décapitation du saint. C'est là sa plus célèbre relique, mais non l'unique puisque le monastère en possède à peu près sept mille, parmi lesquelles, un pied et une jambe de sainte Margarita, un Bois de la Croix et un morceau du coeur de saint Felipe Neri.

Place de Oriente ▲
Parc du Campo del Moro ▶

Près du couvent, la plaza de la Marina Española abrite le palacio del Senado (palais du Sénat) construit à la fin du XVIè pour les frères Augustins.

Convento de las Descalzas Reales
(Couvent des Déchaussées Royales)

Entre la plaza de Santo Domingo et la plaza del Callao, le flaneur découvre le **convento de las Descalzas Reales**, qui possède sans doute les plus belles richesses artistiques de tous les édifices religieux de Madrid. Ce couvent se dénomme en réalité de *Nuestra Señora de la Consolación* (Notre Dame de la Consolation). Dans une de ses chambres, l'impératrice Isabel, épouse de l'empereur Carlos Quinto, mit au monde Juana de Austria (Jeanne d'Autriche) qui transforma l'édifice en monastère vers la moitié du XVIè siècle. La grande quantité de trésors qu'il renferme, principalement des peintures (Rubens, Titien, Zurbarán...) et des joyaux (chacun avec sa propre légende) est due aux nombreuses donations de monarques à leurs filles ou à leurs soeurs qui y avaient prononcé leurs vœux – à contrecœur parfois. L'abbesse de ce couvent a toujours fait partie des Grands d'Espagne. Seul un maximum de 33 religieuses, l'âge du Christ, peut vivre dans le couvent. Le couvent (sauf clôture) peut être visité comme musée.

La calle Segovia

En descendant la **calle Segovia**, on passe par la **plaza de la Cruz Verde** – où l'Inquisition réalisait des autodafés – avec une fontaine dédiée à Diane chasseresse et une jolie vue. À proximité, dans la calle del Nuncio, la iglesia de **San Pedro el Viejo** (l'église de Saint Pierre le Vieux, XVè siècle) présente une **tour mudéjar** du XIVè siècle (il y a une autre tour mudéjar dans la iglesia de San Nicolás de los Servitas – église de Saint Nicolas des Servites). Sur la proche plaza de la Paja se dresse la **capilla del Obispo**, unique temple gothique de Madrid avec de remarquables portes platéresques. D'autres places qui méritent une visite sont la plaza de San Andrés avec l'église baroque de **San Andrés** (Saint André) et la plaza de los Carros avec la **capilla de San Isidro** (chapelle de saint Isidore), baroque également.

En allant au bout de la calle Segovia, on passe sous le viaduc et on arrive au **puente de Segovia** (pont de Ségovie) que Felipe II commanda à son architecte Juan de Herrera pour mettre en valeur l'entrée de la ville. Le pont qu'il construisit était tellement magnifique qu'il fut l'objet de la risée de ses contemporains; Lope de Vega ironisait à son sujet en déclarant que la ville devait s'acheter une rivière ou vendre le pont.

Monastère de la Encarnación (en haut) ▲
Place de los Carros (en bas)
Couvent de las Descalzas Reales (en haut) ▶
Pont de Segovia (en bas)

La Puerta del Sol

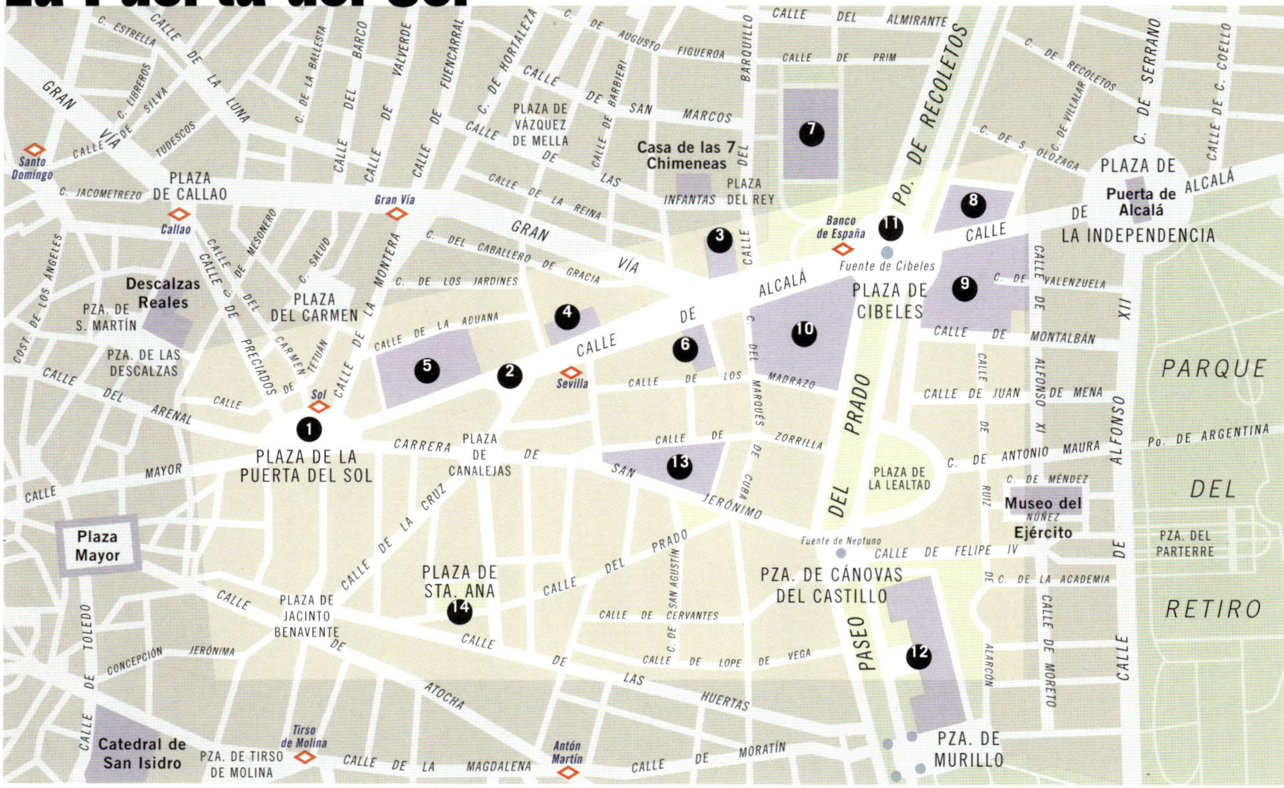

1. Puerta del Sol
2. Calle Alcalá
3. Parroquia de San José
4. Convento de las Calatravas
5. Ministerio de Hacienda et Academia de Bellas Artes
6. Círculo de Bellas Artes
7. Palacio de Buenavista
8. Palacio de Linares
9. Palacio de Comunicaciones
10. Banco de España
11. Cibeles
12. Museo del Prado
13. Congreso de los Diputados
14. Plaza de Santa Ana

Puerta del Sol ▸

L'Ours et l'Arbousier à la Puerta del Sol ◂

Metro
Sol

Puerta del Sol

Ainsi dénommée par association avec l'écu de la simple porte qu'elle était jadis. L'un des côtés de la place abrite l'ancienne **poste** (c'est actuellement le siège de l'administration régionale de Madrid). On y remarque la célèbre horloge avec laquelle les Madrilènes célèbrent, au son de ses douze coups, le nouvel an chaque 31 décembre. Devant, à même le sol, la célèbre marque du kilomètre 0 indique le point de départ des routes radiales et sert souvent de point de rendez-vous à ceux qui visitent pour la première fois Madrid. De l'autre côté de la place se dresse la populaire statue de l'ours et de l'arbousier. En 1995, on plaça au centre la statue équestre de Carlos III. Le projet était du duc de Quinto mais fut curieusement réalisé par le duc de Sesto.

Calle Alcalá

On peut dire que la promotrice de la **calle de Alcalá** fut la reine Isabel la Católica (Isabelle la Catholique) qui, à la fin du XVè siècle, fit abattre les bois d'oliviers qui peuplaient alors le lieu dit Caños de Alcalá qui se trouvait à l'emplacement actuel de la Puerta de Alcalá et de la plaza Cibeles. L'objectif était d'empêcher les voleurs de s'embusquer dans ces bois pour attaquer les voyageurs. La rue resta longtemps à l'extérieur de la ville et consistait en un simple chemin d'accès au vieux centre. Ce fut au temps de Felipe II qu'y fut construit le premier palais. À cette même époque, sainte Thérèse de Jésus y fit édifier le couvent de Saint Hermenegildo qui devint l'actuelle **parroquia de San José** (nº 43, calle Alcalá). Au début du XVIIè siècle, le **convento de las Calatravas** (nº 25, calle Alcalá) fut construit, puis restauré plus tard par Isabel II. Parmi ses monuments les plus importants se trouvent le **Ministerio de Hacienda** (Ministère des finances) (nº3, calle Alcalá) conçu par Sabatini et à côté, la **Real Academia de Bellas Artes de San Fernando** (l'Académie royale des beaux arts de Saint Ferdinand), un palais construit par José Churriguera. Proche de Cibeles, une des institutions culturelles madrilènes: le **Circulo de Bellas Artes** (Cercle des beaux-arts). Sa cafétéria est toujours un lieu de rencontre avant ou après la visite des expositions tenues dans l'édifice.

En face, faisant angle avec Cibeles, le **palacio de Buenavista** (actuel Quartier général de l'armée) dont la construction à la fin du XVIIIè siècle fut, paraît-il, un caprice de la célèbre petite-fille du duc d'Alba, Cayetana, qui fut modèle du peintre Goya et dont les portraits – *La Maja vêtue* et *La Maja nue* – se contemplent au Musée du Prado. Les trois autres angles de la place abritent le **palacio de Linares** (l'actuelle Casa de América – Maison

Puerta del Sol (en haut) ▲
Cercle des Beaux-Arts (en bas)
Palais de Linares (en haut) ▶
Banque d'Espagne (en bas)

BCH

d'Amérique), le **Palacio de Comunicaciones** (le Palais des communications) et le **Banco de España** (Banque d'Espagne, de la fin du XIXè).

Palais des Communications sur la Place de la Cibeles (en haut)
Fontaine de Neptuno (en bas)
Fontaine de la Cibeles

Plaza de la Cibeles

Dans la calle de Alcalá, là où elle croise la Castellana, se dresse la fontaine en marbre de **Cybèle** construite par Robert Michel en 1781. Placée aujourd'hui en direction de la Puerta del Sol, elle fit d'abord face au paseo del Prado. Elle est l'un des symboles de Madrid.

Le paseo del Prado conduit à la place de la fuente de Neptuno (fontaine de Neptune), qui, de même que celle de Cibeles, fut un projet de Ventura Rodríguez. Devant la fuente de Cibeles se rejoignent les supporters de l'équipe du Real Madrid quand elle a gagné alors que devant celle de Neptuno le font les supporters de l'équipe de l'Atlético de Madrid. C'est

La Cibeles (Cybèle)
La construction de la fontaine la plus célèbre de Madrid fut commanditée par Carlos III. L'ensemble sculptural fut conçu par Ventura Rodríguez et taillé dans de la pierre blanche de Colmenar par Roberto Michel (les lions) et Francisco Gutiérrez (la statue de la déesse). Quant aux angelots ou amours qui crachent de l'eau, ils furent placés à la fin du XIXè siècle.

après la plaza de Neptuno que se situe le **Museo del Prado**. Il s'agit d'un édifice de la fin du XVIIIè siècle qui fut Académie des sciences avant de devenir au XIXè siècle ce musée qui constitue une des meilleures pinacothèques du monde.

Congreso de los Diputados
(Assemblée nationale)

En montant depuis la plaza de Neptuno par la plaza de las Cortes on arrive au **Congreso de los Diputados** inauguré en 1850. Les lions de la façade, caractéristique majeure de l'édifice, ne figuraient pas dans le projet initial et ne correspondent pas non plus à ceux d'origine. Les originaux furent fondus en 1872 avec le bronze des canons confisqués aux Maures lors de la guerre d'Afrique de 1860.

Ensuite c/San Jerónimo, goûter le consommé chaud du célèbre restaurant Lhardy (depuis 1839); bars a vins typiques dans les rues Echegaray ou del Principe. Puis, sur la pl. de Santa Ana, voir le **Teatro Español**, déclaré Monument national. Cour de comédies dès 1583, le lieu fut ensuite couvert, incendié en 1802, réouvert en 1807, dénommé Teatro Español vers 1850 et restauré depuis lors.

Lhardy
Cet ancien restaurant se vante d'être le premier de Madrid à avoir admis les dames non accompagnées; c'était en 1885. Benito Pérez Galdós le mentionnait déjà dans ses œuvres. C'est là aussi que furent prises des décisions importantes comme la nomination de Alcalá Zamora comme Président de la République. On peut manger à Lhardy ou prendre au comptoir son célèbre consommé.

Restaurant Lhardy ▲
Assemblée Nationale (en haut) ▶
Rue Moratín (en bas)

CONGRESO DE LOS DIPUTADOS

La Puerta de Alcalá

Puerta de Alcalá
C'était l'entrée à la capitale par la route venant d'Aragon. On remarque plusieurs sculptures dans la partie du haut, réalisées dans de la pierre blanche originaire de Colmenar et qui contrastent avec le granit gris du reste de la construction. Les ornements des arcs sont des mascarons avec une tête de lion, ceux des portes rectangulaires sont des cornes d'abondance et ceux du côté faisant face à Cibeles sont des trophées militaires. Sur le côté opposé, des figures d'enfants et d'énormes armoieries.

1. La Puerta de Alcalá
2. San Jerónimo el Real
3. Cuesta de Moyano
4. Atocha

Porte de Alcalá, détail ▲
Porte de Alcalá ▸

REGE CAROLO III
ANNO
MDCCLXXVIII

Puerta de Alcalá

Des différentes portes que compta Madrid, il n'en reste que trois : celle d'Alcalá, celle de Toledo et, plus excentrée, celle dénommée Puerta de Hierro.

La Puerta de Alcalá est la plus connue et fait partie de la physionomie madrilène. Elle fut connue également sous le nom de Puerta de Carlos III en honneur à ce roi qui la fit construire. L'auteur en est Sabatini. La Puerta de Alcalá est la première des grandes portes modernes qui vont décorer les grandes villes. Elle est antérieure aux plus célèbres d'Europe, comme la berlinoise de Brandebourg, celle de la Victoire de Munich ou l'Arc de Triomphe de Paris. Sa construction fut payée par le peuple de Madrid au travers d'un impôt sur la consommation de vin dans les tavernes. Elle a cinq embrasures, trois en plein cintre pour les voitures et deux latérales pour les piétons. Les travaux durèrent de 1770 à 1778. Les pierres portent encore les points d'impact des tirs de l'artillerie française en 1808. Le lieu était un passage obligé des bêtes à laine empruntant l'ancienne « Cañada Real » ou « Cañada de la Mesta » (Chemin de la Mesta – autrefois, association d'éleveurs de troupeaux transhumants) qui passait par là, ce dont témoignent les deux

La Cuesta de Moyano

La Cuesta de Moyano et sa trentaine de stands gris existent depuis 1925. Bien qu'il y ait des livres neufs, les livres d'occasion, parfois annotés et dédicacés, sont plus nombreux. La majeure partie des stands ne se consacre plus au livre ancien mais il est encore possible de trouver d'authentiques curiosités et des livres ou des revues qui rappellent de vieux souvenirs. Tous les propriétaires des stands ont une histoire sympathique à raconter.

Obélisque (en haut) ▲

Cuesta de Moyano (en bas)

Monastère de San Jerónimo el Real (page 35) ▸

petites bornes en granit conservées de part et d'autre de la place. La Puerta de Alcalá n'est pas symétrique, ses deux faces sont différentes. En effet, Carlos III, ne sachant se décider entre les des deux projets que Sabatini lui présenta, opta pour les deux.

Derrière le Museo del Prado se trouve le **monasterio de San Jerónimo el Real**. Le premier monastère fut fondé par Enrique IV (Henri IV) sur la route du Prado, puis les Rois Catholiques le déplacèrent à son emplacement actuel. Il n'en reste aujourd'hui que l'église où se marient les gens importants de Madrid. Tous les princes d'Asturies, depuis Felipe II jusqu'à Isabel II, y ont prêté serment.

Après le jardin botanique, on arrive à la **Cuesta de Moyano** (à côté de la plaza de Atocha). Les amateurs de livres anciens pourront ici se régaler. De nombreux bouquinistes aux stands gris proposent des livres anciens et d'occasion, des livres modernes, et presque toujours bon marché.

Sur la place d'Atocha, la nouvelle **gare d'Atocha** côtoie l'ancienne, une réussite de l'architecture industrielle (à base de fer forgé et de verre) dont le projet définitif fut approuvé en 1888. L'emplacement des anciennes voies est occupé par un jardin tropical.

Jardin de la Gare de Atocha ▸
Gare de Atocha ▾

Le triangle de l'art

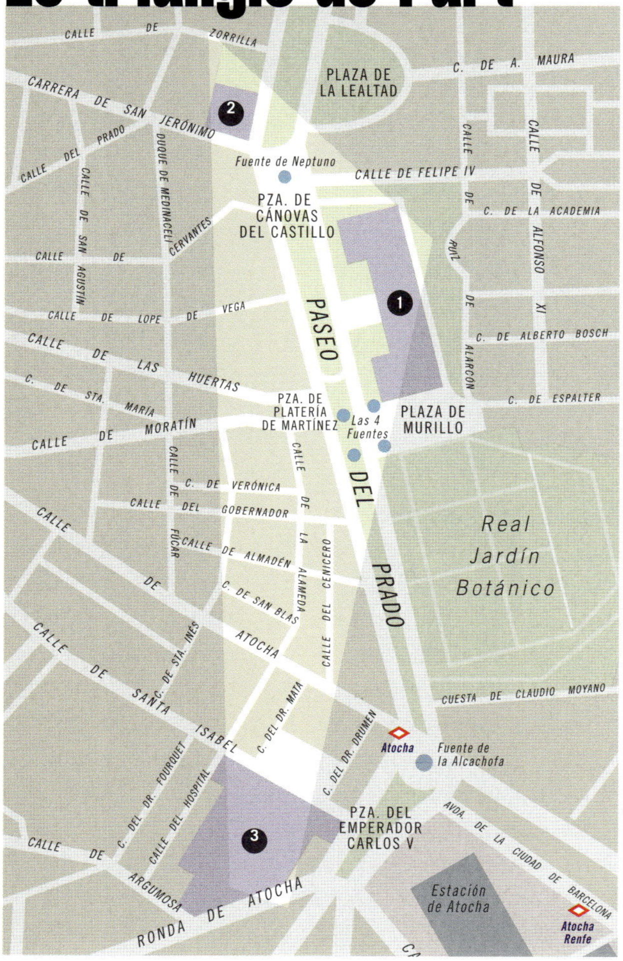

1. Museo del Prado
2. Museo Thyssen-Bornemisza
3. Museo Nacional Centro de Arte Reina Sofía

Statue de Velázquez ▲

Les Ménines de Vélasquez ▶

Proche les uns des autres, les trois principaux musées de Madrid font de cette ville une des capitales mondiales de l'art : le Museo del Prado, le Museo Thyssen et le Centro Nacional de Arte Reina Sofía

Museo del Prado

C'est l'une des pinacothèques les plus importantes du monde. Située dans un édifice du XVIIIè siècle, sa façade principale donne sur l'un des plus célèbres boulevards de Madrid qui a donné son nom au musée.

Au rez-de-chaussée sont exposés : la peinture romantique ; des retables gothiques ; le gothique hispano-flamand ; la peinture espagnole des XVè et XVIè siècles. La peinture allemande de la Renaissance est représentée par Albert Dürer, Lucas Cranach et Holbein, le Jeune.

Parmi les Flamands, on distingue tout particulièrement Jérôme Bosch – ne pas manquer son *Jardin des Délices* – et Brueghel. La collection de peinture italienne exposée au rez-de-chaussée est vaste et intéressante. Elle commence avec les primitifs italiens comme Fra Angelico, Botticelli et Mantegna. La peinture vénitienne de la fin de la Renaissance est représentée par l'impressionnant Le Titien – *L'empereur Charles Quint à la bataille de Mühlberg* – Tintoretto et Veronèse.

Au premier étage, la peinture flamande du XVIIè siècle exhibe les trois grands : Rubens – *Les Trois Grâces* – Anton van Dyck et Jacob Jordaens. La peinture hollandaise du XVIIè siècle est représentée par Rembrandt, et la peinture espagnole de la même époque par José de Ribera, Zurbarán ou Murillo.

Le Gréco, Vélasquez et Goya.

Ce sont sans aucun doute les trois grands noms du Prado.

L'œuvre du Gréco est exposée au rez-de-chaussée et parmi ses tableaux se distingue le célèbre *Chevalier à l'épée prêtant serment*.

Presque toute l'œuvre, abondante, de Diego de Silva y Velázquez se trouve au premier étage, avec en particulier *Les Ménines*, *Les fileuses* et *Les buveurs*.

Goya est le grand protagoniste de la peinture espagnole du XVIIIè siècle. Son œuvre est répartie entre le premier et le deuxième étages où l'on peut contempler, entre autres, ses deux *Majas* (vêtue et nue), la *Famille de Carlos IV*, *Les Fusillades de la Montagne du Príncipe Pío*, ses nombreuses scènes populaires ou ses œuvres noires.

Annexe du Musée du Prado, le Casón del Buen Retiro (édifice du XVIIè) a été aménagé pour héberger l'art espagnol du XIXè.

Vélasquez au Musée du Prado

Le fait d'avoir été le peintre de Felipe IV (Philippe IV) explique que la plus grande partie de son œuvre soit conservée dans ce musée dont l'origine est la collection royale. Environ 50 œuvres y sont exposées dont celles peignant la famille royale : *Portrait de Felipe IV, du Prince Baltasar Carlos, du Cardinal infant don Fernando, de l'Infant don Carlos, de l'Infante María*... et surtout, une de ses meilleures œuvres : *Les Ménines* avec pour protagoniste l'infante Margarita.

Musée du Prado ▲
Maja vêtue *de Goya (en haut)* ▶
Maja nue *de Goya (en bas)*

Museo Thyssen-Bornemisza

Au début du Paseo del Prado, sur la plaza de Neptuno, le palais de Villahermosa (XVIIIè siècle) héberge la collection Thyssen-Bornemisza, la plus importante collection d'art privée au monde selon de nombreux critiques.

Avec son inauguration en 1992, on réussissait enfin à réunir dans un espace ouvert au public les collections des maîtres anciens et modernes du baron Thyssen. Parmi les maîtres anciens, on remarque les primitifs allemands (comme Dürer, Cranach ou Holdhein), des peintres italiens (comme Ghirlandaio ou Le Caravage) et une importante représentation de la peinture hollandaise du XVIIè siècle.

La peinture espagnole est présente également avec des tableaux de Goya, Le Gréco, Zurbarán, Ribera et Murillo.

La collection de peinture contemporaine inclue des œuvres impressionnistes et post-impressionnistes, de la première avant-garde européenne (depuis le cubisme et le futurisme jusqu'à l'abstraction géométrique), des expressionnistes allemands, de l'avant-garde russe et de la peinture nord américaine des XIXè et XXè siècles. Cette dernière est d'autant plus importante qu'elle n'était pas représentée, à quelques exceptions près, dans les collections des musées de Madrid. Ici, il est possible de contempler des œuvres des mouvements américains les plus notables comme l'expressionnisme abstrait, le pop art ou l'hyper réalisme.

Femme dans la baignoire *de Roy Lichtenstein* ▲
© Museo Thyssen-Bornemisza. Madrid

Museo Nacional Centro de Arte Reina Sofía

Inauguré en 1986, il est situé dans l'ancien hôpital de San Carlos.

Constitué de quatre étages, ce sont les deuxième et quatrième étages qui hébergent la collection permanente. Celle-ci débute au tournant du siècle (fin du XIXè) et se termine avec les dernières manifestations artistiques contemporaines.

Au deuxième étage se trouvent les peintures espagnoles du début du siècle comme les représentants du régionalisme basque ou du modernisme catalan. La salle suivante est consacrée à José Gutiérrez Solana avec, en particulier, *La réunion d'amis du Café del Pombo.* On passe ensuite au cubisme et à la salle consacrée à Julio Gonzaléz, puis à celle des Poétiques du surréalisme avec des œuvres de Calder et des artistes comme Arp. Cet étage comprend aussi les salles de sculpture espagnole, celles de peinture espagnole des années 20 et 30 et celles des principaux peintres espagnols de l'après-guerre.

Au quatrième étage, on peut admirer l'œuvre des plus importants artistes espagnols depuis les années cinquante jusqu'à nos jours : Tàpies, Chillida, Millares, Mompò, Esteban Vicente, Antonio Saura, Antonio López, Equipo

Musée Thyssen-Bornemisza ▶

Crónica, Eduardo Arroyo...qui se partagent cet étage avec les grands noms de l'avant-garde internationale de la seconde moitié du XXè siècle : Francis Bacon, Yves Klein, Dubuffet ou Lucio Fontana.

Picasso, Miró et Dali

Ce sont les trois grands noms de la peinture espagnole du XXè siècle et sans doute l'attrait principal de ce musée.

Picasso y est bien représenté avec des peintures de différentes époques et quelques sculptures parmi les plus connues comme *L'homme à l'agneau*. Mais sans doute, le véritable joyau de la collection du musée est *Guernica*. Au deuxième étage, depuis 1992, ce gigantesque tableau est exposé entouré de ses croquis préparatoires et de quelques dessins et huiles qu'il engendra.

Après les salles consacrées à Picasso, au deuxième étage, on trouve les œuvres de Salvador Dalí, certaines très représentatives des différentes étapes de sa peinture comme : *Jeune fille à la fenêtre* ou *Le grand masturbateur*.

Miró est représenté par des œuvres de sa première époque (comme *La maison au palmier* de 1918), par des œuvres des années 30 comme *Escargot, femme, fleur, étoile* et par des œuvres de ses dernières années.

Il convient de faire remarquer qu'au troisième étage se trouvent une bibliothèque et un important centre de documentation.

Guernica

Il s'agit de l'œuvre principale du Centro de Arte Reina Sofía et aussi la plus connue de l'artiste espagnol contemporain. Peinte en 1937, en pleine guerre civile espagnole, elle exprime le langage de la violence. C'est une œuvre qui reprend les expérimentations cubistes mais qui est à la fois violemment expressioniste.

Musée National Centre d'Art Reine Sophie ▸

Guernica *de Picasso* ▾

FEITO

La Gran Vía

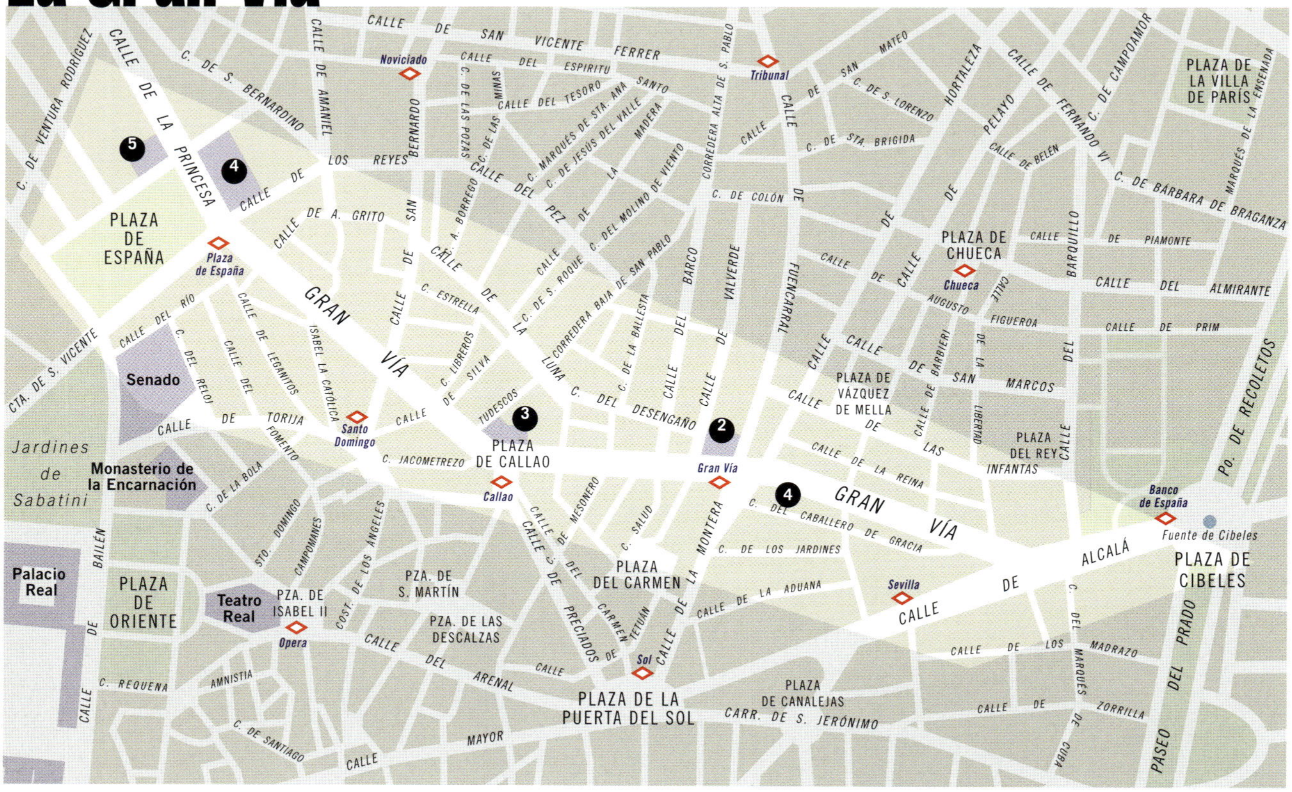

1. Oratorio del Caballero de Gracia
2. Telefónica
3. Palacio de la Prensa
4. Edificio España
5. Torre de Madrid

SCHWEPPES
Elige tu propia vía.
vía
HOTEL CAPITOL
Banco Atlántico
COLIN FARRELL
impulsos

Red de San Luis ▲

Coupole de l'édifice Metrópolis ▶

METROPOLIS

Depuis Alcalá jusqu'à la Plaza de España s'étend une autre rue principale de Madrid. C'est la **Gran Vía**. On y trouve l'**Oratorio del Caballero de Gracia** (XVIIIè) unique vestige d'un célèbre couvent, il possède d'intéressantes peintures et une non moins intéressante légende. Selon cette dernière, un amoureux qui essayait de conquérir une dame en lui faisant boire un philtre, se repentit, rentra dans les ordres et fonda un couvent connu sous le nom du Chevalier de Grâce. On raconte que ce personnage vécut plus de 100 ans.

Plus haut, l'**édifice de la Telefónica** fut – en 1929 – le premier gratte-ciel de Madrid. Ensuite, la plaza del Callao avec un autre édifice intéressant, le **Palacio de la Prensa** (du début du XXè de même que presque tous ceux de la Gran Vía). La Gran Vía se termine plaza de España où se dressent deux autres gratte-ciels : l'**Edificio España** et la **Torre de Madrid**. Depuis leurs étages supérieurs, on peut contempler les toits de la Gran Vía très souvent surmontés de curieuses statues qui se voient seulement d'en haut.

Dans la calle San Leonardo, à côté de l'Edificio España, se trouve la **iglesia de San Marcos** (l'église de Saint Marc, XVIIIè siècle), œuvre de Ventura Rodríguez qui a été déclarée Monument national. En continuant par la calle Princesa, on arrive à une petite place avec le **palacio de Liria**, œuvre également de Ventura Rodríguez. L'édifice dont l'intérieur contient de nombreuses œuvres d'art est habité par les descendants de la Casa de Alba (Maison d'Albe).

Édifice Metrópolis ▸
Plaza de España ▾

Dieux olympiques dans les rues et sur les toîts

Outre les fontaines consacrées à des dieux (les trois fontaines, Cybèle, Apollon et Neptune sur le paseo del Prado), les toîts de Madrid en hébergent d'autres. Ainsi, au sommet du Círculo de Bellas Artes, Minerve se dresse avec un casque et une lance ; sur le Ministère de l'Agriculture, Mercure, le dieu du commerce que le sculpteur plaça curieusement sur un coursier ailé ; il en existe aussi d'autres comme le Phénix et même un quadrige.

METROPOLIS
Andalucía sólo hay una. La tuya.
ARCO OBRAS

Le Madrid populaire

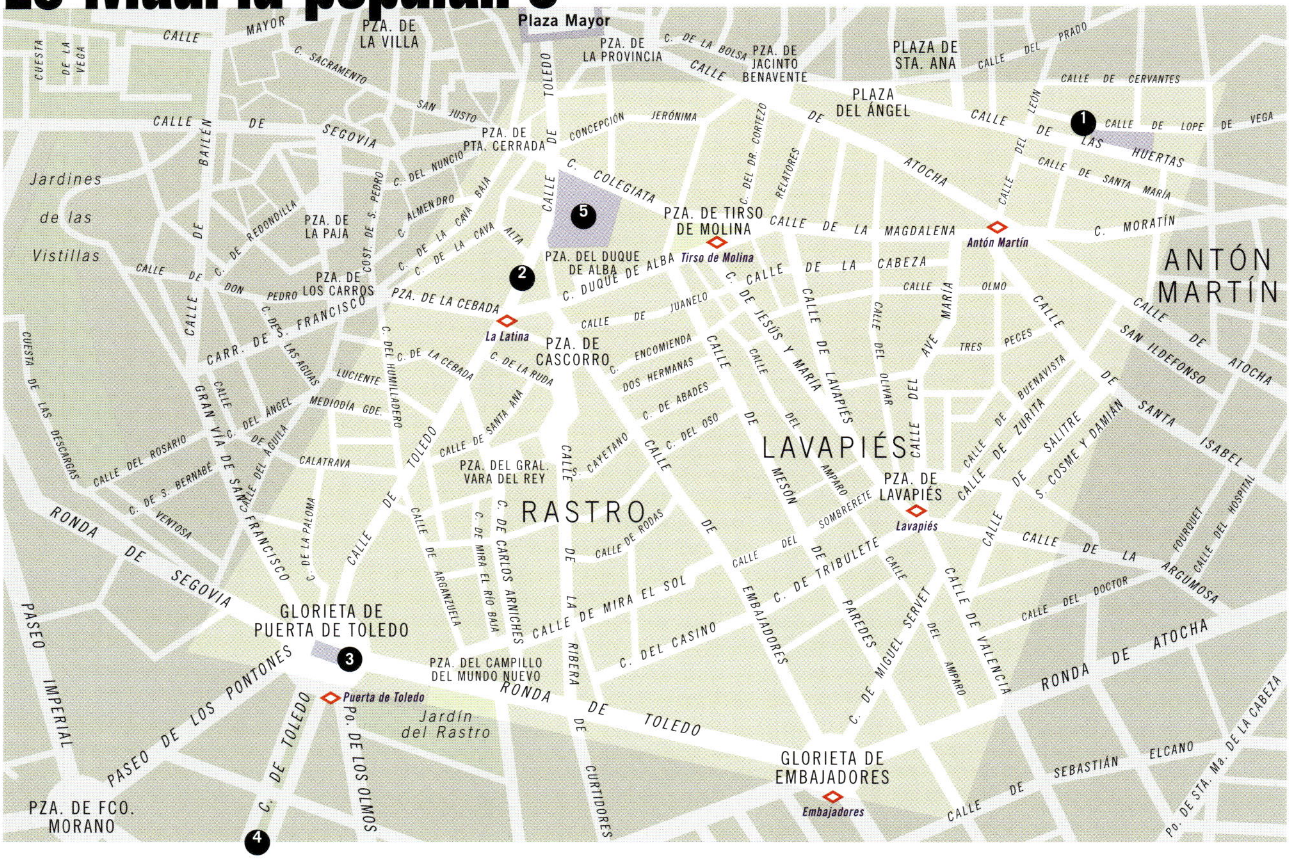

1. Convento de Trinitarias
2. Calle de Toledo
3. Puerta de Toledo
4. Puente de Toledo
5. Catedral de San Isidro

Antiquaires au Rastro ▸

El Rastro (page 53) ▸

MUEBLES
C. CAMINO
HELADOS

Non loin de la calle de Atocha et perpendiculaire au paseo del Prado, se trouve la rue Lope de Vega, anciennement Cantarranas. Au numéro 18, le **convento de Trinitarias** conserve la dépouille de l'auteur de *Don Quichotte*. Cervantes vécut au numéro deux de la rue suivante qui porte son nom et qui s'appelait auparavant de Francos. Au numéro 11 de la même rue, Lope de Vega résida dans ce qui est aujourd'hui la **Casa-Museo** (Maison-Musée) **de Lope de Vega**.

Calle de Toledo

C'est l'une des plus anciennes et déjà au XIIIè siècle, l'une des entrées de la ville. Cette rue commence Plaza Mayor. Au numéro 49, la **catedral de San Isidro** est le premier exemple madrilène de style jésuite, construit au milieu du XVIIè siècle. Après l'expulsion des jésuites, elle devint collégiale. En 1769, on y apporta les dépouilles de san Isidro et de sa femme santa María de la Cabeza qui sont conservées dans une urne en argent offerte par la corporation des orfèvres de Madrid. A mi-parcours de la rue, juste au niveau du paseo de Ronda, se dresse la **Puerta de Toledo**. Ce fut José Bonaparte, le frère de l'empereur, qui en entreprit la construction et Fernando VII (Ferdinand VII) qui la termina. Elle a trois ouvertures et le groupe sculptural qui la surmonte représente l'Espagne sous les traits d'une opulente matrone qui protège les Sciences et les Arts. Plus bas, sur la rivière Manzanares, le **Puente de Toledo** conserve deux chapelles de style churrigueresque, avec les patrons de Madrid, saint Isidor Labrador et sainte María de la Cabeza.

Le Rastro

Depuis la plaza de Cascorro jusqu'à la ronda (boulevard périphérique) de Toledo, un énorme marché à l'air libre s'installe tous les week-ends et jours fériés. On y vend de tout et les prix sont marchandés. C'est le **Rastro**, un autre symbole de Madrid. Son nom a pour origine le fait qu'autrefois la police y trouvait le « rastro » (la trace) de tout ce qui était volé dans la ville. Beaucoup d'objets qui y sont vendus de nos jours ont toujours une origine incertaine. À la mi-journée, il est quasiment impossible de faire un pas dans le dédale de rues où s'étend le Rastro.

Cathédrale de San Isidro ▸
Saint Isidro (en haut) ▾
Rastro (en bas) ▾

Eloy Gonzalo
Le protagoniste de la célèbre statue du Rastro, et qui a donné son nom à une rue, fut un héros de la Guerre de Cuba qui se distingua dans l'attaque du fort de Cascorro (en 1896) par le vol d'un canon ennemi grâce à un bidon de pétrole (ainsi qu'il est représenté sur le monument). Il mourut un an plus tard de fièvres paludiques à l'âge de 21 ans.

Lavapiés

Ce quartier qui fut autrefois un quartier juif est l'un des plus typiques du Madrid populaire. Ces dernières années, un grand nombre de personnes d'origine asiatique et du nord de l'Afrique s'y sont installées. Le centre du quartier est la plaza Lavapiés et la **iglesia de San Cayetano** (l'église de Saint Cayetano) dont la construction dura presque un siècle (1664-1761) et qui se distingue par son portail baroque. Les **corralas** de Lavapiès sont caractéristiques du quartier : ce sont d'anciens immeubles à galeries regroupés autour d'un grand patio intérieur. La corrala la mieux conservée se trouve dans l'immeuble de la calle de Tribulete, sa façade donne sur la calle Mesón de Paredes. Un autre lieu qui mérite la visite est la **taverne de Antonio Sánchez**, vieille de deux cents ans qui propose toujours une ambiance taurine... et un bon vin.

Depuis la plaza de Lavapiés, la calle del Ave María conduit à la plaza de Antón Martín – à vrai dire, un élargissement de la calle Atocha – qui devint célèbre à l'époque de Carlos III pour avoir été le théâtre de l'émeute de Esquilache. Ce dernier, ministre de Carlos III, voulut supprimer les capes longues et les chapeaux à larges bords pour éviter les attaques nocturnes. Tout Madrid se souleva contre cette mesure impopulaire et assaillit la Casa de la Siete Chimeneas (la Maison aux Sept Cheminées) qui était alors la résidence du ministre. À proximité, la plaza de Tirso de Molina, un des autres accès au Rastro.

Plaza de Lavapiés ▸

Café typique ▾

Metro

La Castellana et le quartier de Salamanca

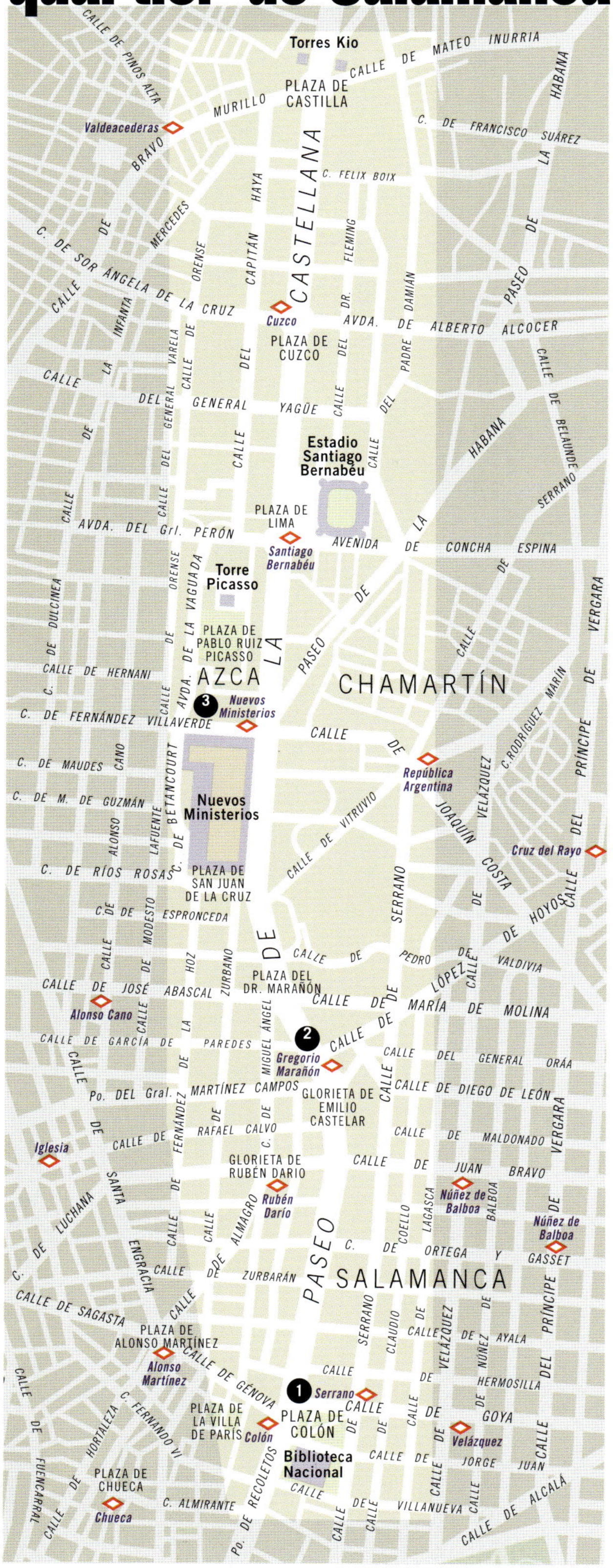

1. La Plaza de Colón
2. La Plaza de Emilio Castelar
3. Azca

Place de Colón ▸

Au nord de la Puerta de Alcalá s'étend le quartier « élégant » de Madrid : le **quartier de Salamanca**. Il contient les rues les plus « chics » : Ortega y Gasset, Serrano ou Goya. Ce quartier conserve d'anciens hôtels particuliers de la haute bourgeoisie madrilène et comprend des galeries d'art ainsi que des commerces et des boutiques de mode.

Le paseo de la Castella commence plaza Colón où se dresse le monument à Christophe Colomb. Le nom de Castellana vient de celui d'une fontaine qui était située autrefois à l'emplacement actuel de la plaza de Emilio Castelar. Au début du XXè siècle, la Castellana était plus courte et contenait de nombreux hôtels particuliers qui ont été détruits pour construire à la place les bâtiments fonctionnels d'aujourd'hui.

La Seconde République orienta la croissance de Madrid vers le nord en prolongeant la Castellana dans cette direction où seraient construits postérieurement Nuevos Ministerios (Nouveaux Ministères).

Vers le haut de la Castellana (la rue mesure plus de huit kilomètres), on arrive au **Centro** – Centre – **Azca**, connu comme le Manhattan madrilène, qui fut en 1968 une authentique innovation urbanistique. On prétendait y faire des rues piétonnes au moyen de tunnels souterrains. Au bout du paseo se trouvent les tours Kio, aux portes de Madrid.

Le quartier de Salamanca est depuis longtemps une des zones commerciales les plus importantes de la capitale. S'il fallait citer une seule rue ce serait sans doute celle de Serrano. Entre les rues Serrano et Velázquez se trouve la majeure partie des commerces les plus luxueux - haute couture, joailliers, antiquaires ... ainsi que de célèbres galeries d'art.

Tours Kio, Plaza Castilla ▲

Palais des Congrès (en haut) ▶

Vitrines de la rue Serrano (en bas)

Centre Azca (pages 62 et 63) ▼

PALACIO DE CONGRESOS DE MADRID

Zaragozano
Inmobiliaria ESPACIO
METRO

KPMG

Les Boulevards et la Cité Universitaire

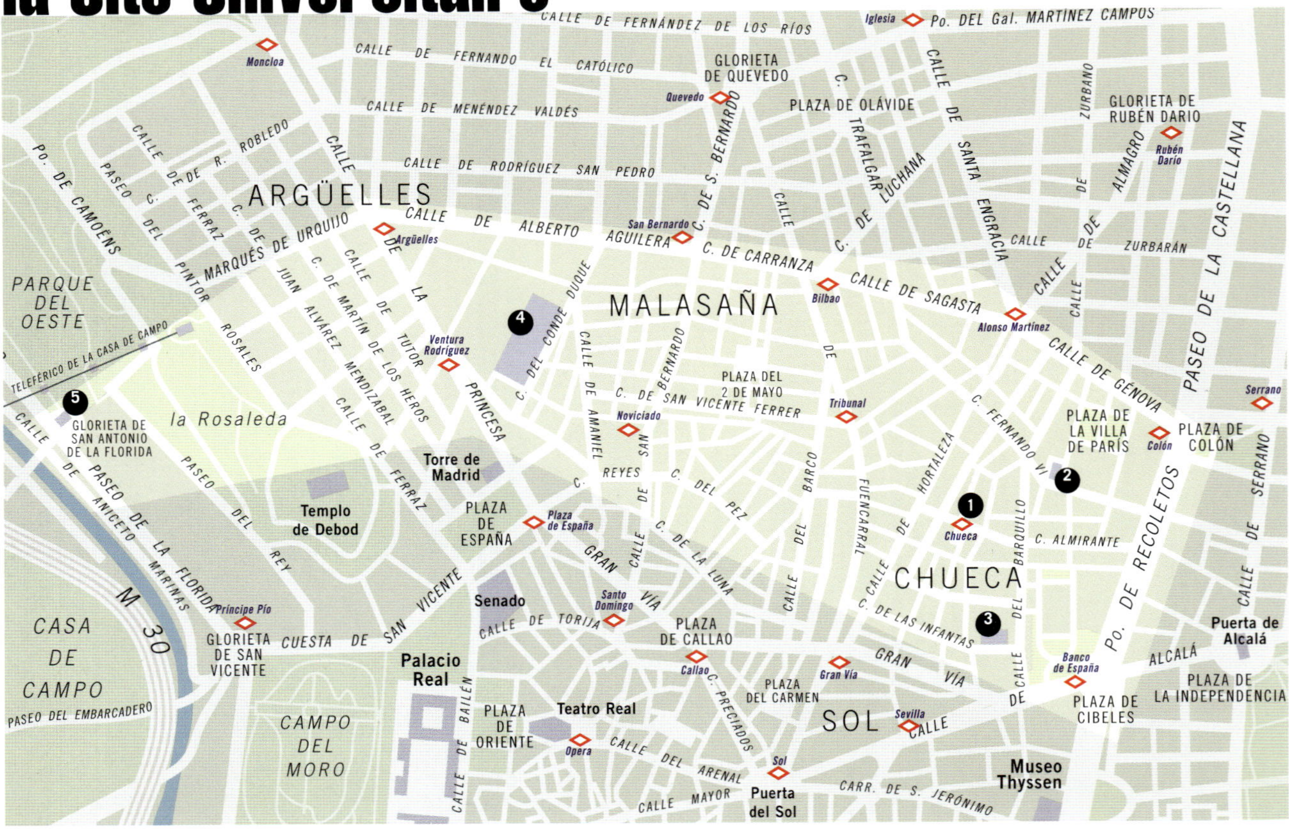

Ce que les Madrilènes continuent de nommer les boulevards sont les anciens boulevards périphériques qui allaient de la plaza de Colón au paseo de Rosales et qui avaient en leur centre une allée ombragée. Le premier est la calle Génova dont les constructions modernes ont remplacé peu à peu les demeures aristocratiques. Elle relie Colón à la plaza de Alonso Martínez où Cervantes situa quelques passages de *La Gitanilla* et qui conserve des bâtiments du *novecentismo* comme celui qui fait l'angle avec la rue Almagro. À côté, la place de Santa Bárbara abrite un kiosque buvette typique, lieu de réunion des jeunes, ainsi que diverses brasseries. Les boulevards continuent par la calle Segasta jusqu'à la plaza de Bilbao dont le quartier comprend de nombreuses salles de cinéma et aussi le café Comercial, un des plus anciens de Madrid. La calle de Carranza mène à la place suivante, celle de San Bernardo (dont le nom est maintenant Ruíz Giménez). C'est ici que se trouvait l'ancien hôpital de la Princesa qui fut démoli en 1950 et qui était jusqu'alors le point le plus élevé de la ville. La trajectoire se poursuit avec la calle Alberto Aguilera qui porte le nom du gouverneur civil qui fit construire le

1. Chueca
2. Las Salesas Reales
3. La Casa de las Siete Chimeneas
4. Conde Duque
5. Ermita de San Antonio de la Florida

Vue des Boulevards ▸

M-8298-PL
B-2446-WF

Parque del Oeste (Parc de l'Ouest). Remarquez dans cette rue une construction néomudéjar qui fut longtemps un collège de jésuites. La rue croise celle de Princesa – au cœur du quartier d'Argüelles – et prend le nom de Marqués de Urquijo qui descend jusqu'à Rosales et le Parque del Oeste.

Chueca et **Malasaña** sont deux des quartiers d'intense vie nocturne, situés non loin des boulevards. Celui de Chueca borde l'arrière de Gran Vía. Il est formé de rues étroites qui débouchent sur la place du même nom pleine de bars et terrasses, très animés à partir de la tombée du jour ; l'ambiance « gay » y prédomine. Dans les environs, la iglesia de las **Salesas Reales** (XVIIIè siècle) avec les sépulcres des monarques Fernando VI et Bárbara de Braganza réalisés par Sabatini. Le Ministère de la culture se trouve dans ce quartier, dans un curieux bâtiment connu sous le nom de la **Casa de las Siete Chimeneas**.

En ce qui concerne Malasaña (l'ancien quartier de Maravillas), le quartier se concentre autour de la plaza del Dos de Mayo, toujours très animée. Ses rues sont pleines de bistrots, de petits restaurants et de petits magasins. L'arc du centre de la place, avec les représentations des héros Daoíz et Velarde, commémore la Caserne de Monteleón détruite au cours du soulèvement madrilène de 1808 contre les soldats de Napoléon.

Place de Chueca ▸

Église de Santa Barbara (en haut) ▾

Maison aux Sept Cheminées (en bas)

La Casa de las Siete Chimeneas

Elle se trouve sur la plaza del Rey, à côté de l'actuel Ministère de la Culture. C'est un des immeubles les plus anciens de Madrid. Elle fut construite par le médecin de Felipe II pour sa fille, écervelée selon les rumeurs, qu'il voulait marier rapidement. La maison fut construite avec sept cheminées pour préserver la future épouse - dit-on - de succomber aux sept péchés capitaux. La fille du médecin mourut sans descendance et l'on raconta que la maison était hantée. Elle devint ensuite la propriété du marquis d'Esquilache, celui qui voulut raccourcir les capes des madrilènes qui se soulevèrent et furent sur le point de brûler la maison.

GUINNESS

Le quartier de Conde Duque borde un côté de la calle San Bernardo ; l'ancienne **caserne de Conde Duque** (XVIIIè siècle), aujourd'hui reconvertie en lieu de concerts et d'expositions, présente une intéressante façade baroque. L'hémérothèque municipale y est installée ainsi que d'autres dépendances culturelles municipales.

Argüelles, le quartier étudiant

La partie estudiantine de Madrid se situe autour du quartier d'**Argüelles**. C'est une zone de bars d'étudiants en raison de la proximité de la **Ciudad Universitaria** (Cité Universitaire), séparée des maisons par le Parque del Oeste. Le bâtiment le plus ancien de la Ciudad Universitaria est la Escuela superior de Ingenieros agrónomos (l'École supérieure d'Ingénieurs agronomes), qui existait avant même la construction de la Cité. La célèbre Casa de las Flores (Maison des Fleurs) se trouve à Argüelles ; il s'agit d'un paté de maisons construit en 1931 et dont l'architecture est exemplaire car toute sa partie centrale est réservée à des jardins. Dans un de ses appartements vécut le poète chilien Pablo Neruda – ainsi que le commémore une plaque. Non loin de là, le Arco de Triunfo (l'Arc de Triomphe) et le Faro de la Moncloa (Phare de la Moncloa). Ce dernier est une tour en acier inoxydable d'une hauteur de 90 mètres et un mirador sur la ville.

En-dessous d'Argüelles – au-delà du Parque del Oeste – la rivière du Manzanares est longée par le paseo de San Antonio de la Florida où se trouve la ermita de San Antonio de la Florida (ermitage de Saint Antoine de la Florida, XIXè siècle), déclaré Monument national, et dont l'intérieur de la coupole est peinte de remarquables fresques de Goya représentant le *Miracle de Saint Antoine*.

Puerta de Hierro

C'est à la périphérie de Madrid, sur la route Madrid – La Corogne, que se trouve la troisième porte madrilène. Son nom de Porte de Fer lui fut donné en raison des grilles que ses trois passages conservent encore, l'un d'entre eux recouvert d'un arc en plein cintre. Les armes d'Espagne sont représentées accompagnées d'autres symboles militaires au dessus de l'arc et du fronton triangulaire. C'est Fernando VI qui la fit construire lorsqu'il fit enclore ses possessions du Pardo pour les isoler car les agriculteurs protestaient contre les animaux de chasse royale qui piétinaient leurs champs.

Place de Guardias de Corps ▲
Ermitage de San Antonio de la Florida (en haut) ▶
Cuartel de Conde Duque (en bas)

Parcs et jardins

Parc du Retiro

Du temps des Rois Catholiques, une communauté de frères hiéronymites qui vivaient sur les rives du Manzanares dans un lieu insalubre sollicitèrent un nouveau couvent auprès des rois qui leur offrirent le Real Monasterio de San Jerónimo (Monastère Royal de Saint Jérôme). Il devint le lieu de retraite (retiro) des rois ce qui lui valut son nom actuel.

Felipe II, à l'occasion de son mariage avec Ana de Austria (Anne d'Autriche) lui fit cadeau d'un bassin détenu par les hiéronymites qui fut construit en deux jours. Aux temps de Felipe IV, le Retiro fut agrandi sur l'initiative du comte duc d'Olivares, les anciens appartements royaux furent transformés en palais et le grand jardin des religieux, en parc. Le bassin fut agrandi et agrémenté d'embarcadères. Le lieu, dont l'entrée était interdite aux plébéiens, devint le théâtre de fêtes royales.

L'une des petites places du paseo de Coches contient probablement l'unique monument au monde dédié au diable, une œuvre du sculpteur Ricardo Bellver. En réalité, le sujet est adouci par le titre de l'œuvre : *L'Ange déchu*. Le sculpteur est aussi l'auteur des statues de Saint André et Saint Paul de l'église de San Francisco el Grande. Une autre curiosité est l'existence d'un ermitage roman, près du paseo de

Palais de Cristal ▸

Coches, provenant d'Ávila au XIXè siècle, au moment de la vente des biens inaliénables.

Les jardins du parc du Retiro sont parmi les plus anciens d'Europe puisqu'ils furent construits entre 1633 et 1640. Des arbres et des plantes du monde entier y furent plantés et deux bassins y furent construits : le Grand et l'Octogonal, aujourd'hui dénommé de las Campanillas (des Clochettes). Il y a aussi dans le parc deux grands édifices remarquables réservés à des expositions : le **palacio de Cristal** (palais de Verre) et le **palacio de Velásquez** (palais de Vélasquez).

L'Ange Déchu
Ce serait, paraît-il, l'unique monument existant dédié au diable : son auteur – Ricardo Bellver – qui du reste avait les doigts atrophiés – le réalisa à Rome et le présenta à Paris où il fit scandale. Bellver, à son retour dans la capitale d'Espagne, obtint qu'il fût fondu en bronze et placé sur le paseo de Coches du Retiro. La date –1881 – en pleine Restauration n'y est pas étrangère.

Le Retiro est divisé en sept zones : Parterre, Estanque, Monte de los Gatos, Jardines de Don Cecilio, Rocalla, Observatorio astrónomico et la Chopera (Parterre, Bassin, Mont des Chats, Jardins de Don Cecilio, Rocaille, Observatoire astronomique et la Peupleraie). La zone du parterre contient l'arbre le plus intéressant de tout le Retiro. Il s'agit d'un précieux exemplaire de cyprès chauve (Taxodium mucranatum) de plus de 400 ans, le plus vieux de tout Madrid.

Bassin du Retiro ▸
Sculpture de l'Ange Déchu ▾

Parque del Oeste

C'est le deuxième en superficie après le Retiro. Il est parcouru de sentiers serpentants, de ruisseaux pastoraux presque néoclassiques avec des méandres et de petites cascades artificielles. Ses limites sont les frondes de la Moncloa, la Cité universitaire et le paseo de Rosales. Il y a quelques années, on ajouta au parc ce qui était la Montagne du Príncipe Pío où se trouvent aujourd'hui la Roseraie, peu connue malgré son importance, et le **temple égytien de Debod**. Ce temple fut offert par le gouvernement égyptien en 1968 en remerciement de l'aide apportée par l'Espagne pour sauver les temples monumentaux qui allaient être submergés par le barrage d'Assouan. Dans le Parque del Oeste, non loin des voies ferrées, se trouve un petit cimetière où reposent les Madrilènes fusillés par les Français en 1808.

Campo del Moro
(Camp du Maure)

Ce parc situé derrière le Palacio Real reçut ce nom parce que les troupes de l'émir ben Yusuf avaient campé à cet endroit durant une des batailles des guerres entre les arabes et les chrétiens.

Templo de Debod

(Temple de Debod)

L'ensemble remonte à la dernière période de l'empire égyptien quand la culture gréco-romaine avait déjà propagé son influence (les empereurs Trajan et Adrien le visitèrent). Il se trouvait en Nubie, région du sud de l'Égypte où passait la route des caravanes vers l'actuel Soudan, à 20 kilomètres de l'île de Philae sur la rivière du Nil. Les pierres furent apportées en 1970 et le temple fut reconstruit en 1972.

Jardín Botánico

Carlos III le fit construire. Il héberge de nos jours plus de 150 000 arbres venus des contrées les plus lointaines. Il contient une bibliothèque, des serres de plantes exotiques et une salle d'exposition.

Fuente del Berro

(Fontaine du Cresson)

Espace vert peu connu donc idéal, pour de petites promenades

Casa de Campo

Le parc **Casa de Campo** est situé sur les rives du Manzanares avec une superficie de 1722 hectares. C'est l'espace vert le plus grand de Madrid avec un grand lac bordé de buvettes et où l'on peut louer des barques.

Le Parque Zoológico (parc zoologique) et le Parque de Atracciones (parc d'attractions) sont d'autres lieux de détente des Madrilènes.

Lac de la Casa de Campo ▸

Jardin Botanique ▾

Environs de Madrid

Le Pardo

Le village de El Pardo, qui depuis 1952 est un quartier de plus de la capitale, se situe à quelques dix kilomètres de Madrid. On va, dit-on, à El Pardo pour trois choses : son palais, son Christ et sa gastronomie. Ancien pavillon de chasse de la dynastie des Trastamara que l'on décida de modifier à la fin du XVIIè, le palais actuel fut conçu par Sabatini. Le palais fut une résidence royale et la résidence du général Franco après la guerre civile. Ses portes fut ouvertes au public en 1983. Parmi ses nombreux trésors, il faut remarquer les tapisseries (plus de 200), presque toutes du XVIIIè siècle et la collection d'horloges. La localité est situé sur le mont d'El Pardo formé de bois de chênes verts et de chênes qui appartiennent au Patrimoine National et où l'on peut voir des animaux en liberté, surtout des cerfs, des daims et des sangliers.

Alcalá de Henares

À **Alcalá de Henares** (à 33kms), le cardinal Cisneros fonda l'Université Complutense au cours de

Le Pardo

Ce fut la plus importante réserve de chasse des rois et Vélasquez y immortalisa la famille de Felipe IV en habits de chasseur avec le palais pour fond. Felipe V y fit construire la capilla de Corte (chapelle de Cour) et Fernando VI fit enclore la propriété et construire la Puerta de Hierro qui était son entrée principale. L'édifice actuel fut commandé à Sabatini par Carlos III.

Palais de El Pardo ▸

la Renaissance. En 1988, l'Unesco déclara Patrimoine de l'Humanité l'ensemble universitaire de Alcalá de Henares. Parmi ses monuments se distinguent, outre la Antigua Universidad (l'Ancienne Université, édifice Renaissance du début du XVIè siècle), la capilla de San Ildefonso (la chapelle de Saint Ildefonse, XVè), la capilla del Oidor (la chapelle de l'Auditeur, XVIè), la iglesia de los Santos Justo y Pastor (l'église des Saints Juste et Pasteur fin du XVIè), le Palacio Arzobispal (le Palais archiépiscopal, fondé au XIIIè et modifié au XVIè), la Casa de Cervantes (Maison de Cervantès, transformée en musée), le convento de las Bernardas (couvent des Berbardines, XVIIè), la Muralla (Muraille) et le Museo de Escultura al Aire Libre (Musée de sculpture à l'air libre).

Aranjuez

Aranjuez (à 47 kms) est connu pour ses palais et jardins. Le Palais Royal qui a servi pendant des années à héberger des mandataires étrangers est aujourd'hui ouvert au public. Y sont conservées de nombreuses œuvres d'art, en particulier l'escalier principal, les salles dites de la Porcelana (Porcelaine), le Dormitorio de la Reina (la Chambre à coucher de la Reine) et la saleta de Cuadros Chinos (salon des Tableaux Chinois). Il faut également visiter les jardins du XVIIIè, celui du Príncipe en particulier.

La chapelle del Oidor et la tour de Santa María la Mayor, sur la place de Cervantès ▸

Façade de l'université de Alcalá de Henares ▾

Palais Royal de Aranjuez (page suivante) ▾

Chinchón

Chinchón (à 45 kms). « Anis, place et auberge ». Outre sa célèbre eau de vie anisée et sa gastronomie (tous les week-ends, la ville se remplit de Madrilènes qui viennent y manger dans ses auberges des haricots, de la soupe castellane ou des viandes), Chinchón possède une belle grand-place castillane dont les arcades typiques sont les mieux conservées de toute la région. Elle est le théâtre de représentations de la Semaine Sainte et de corridas de taureaux (les premières y furent célébrées au début du XVIè siècle). Son iglesia de la Asunción (église de l'Assomption) possède un tableau de Goya que le peintre offrit à un de ses frère qui y fut curé.

San Lorenzo de El Escorial

(Saint Laurent de L'Escurial)

San Lorenzo de El Escorial (à 49 kms), situé dans la sierra du Guadarrama, est depuis longtemps un des principaux lieux de villégiature des Madrilènes. Son monastère en est le point central, c'est un énorme édifice que Felipe II commanda à Juan de Herrera pour commémorer une victoire sur les Français. La construction – qui a une forme de gril à l'image de celui où fut martyrisé saint Laurent – comprend en plus du monastère, l'église, le panthéon royal (où reposent les monarques espagnols), la bibliothèque, le palais et les musées.

Chinchón ▸

Chinchón ▾

Monastère de San Lorenzo del Escorial (page suivante) ▾

PANADERIA BOLLERIA
M-6729-YN
3342 BYR
M-7506-GP

Loisirs

Fêtes

5 janvier. Défilé des Rois Mages.
Défilé de trois heures dans les rues du centre depuis le parc du Retiro jusqu'à la Plaza Mayor.
17 janvier. Saint Antón.
Les animaux domestiques, surtout les chiens, les chats et les oiseaux sont bénis à la porte de l'église de la rue Hortaleza, le matin. L'après-midi, défilé des animaux, connu sous le nom de «Les tours de saint Antón ». Distribution des panecillos de San Antón (petits pains de Saint Antón).
Date variable. Carnaval. 40 jours avant Pâques. Défilé dans les rues du centre, bal masqué au Circulo de Bellas Artes (Cercle des Beaux Arts) et surtout Entierro de la Sardina (Enterrement de la Sardine) qui a lieu devant l'ermitage de Saint Antonio de la Florida (métro Principe Pío).
Premier vendredi de mars.
Christ de Medinaceli.
Des milliers de personnes défilent toute la journée devant l'image du Christ de Medinaceli dans l'église du même nom, sollicitant sa grâce. Rue Jésus de Medinaceli, métro Antón Martín.
Date variable. Semaine Sainte - Pâques.
Le plus grand nombre de processions a lieu le Jeudi et le Vendredi Saint. En particulier, les processions de Jesús el Pobre (jeudi après-midi), de Jesús de Medinaceli (la plus concourue) et du Silencio (les deux dernières, le vendredi)
2 de Mayo. Deux mai.
Tradition des « Mayas » (déesses du printemps) dans le quartier de Lavapiés (presque toujours le premier dimanche du mois) et Fête de l'Indépendance avec défilé de troupes costumées à l'ancienne dans la rue Mayor (métro Lavapiés et Sol)

Arène de taureaux de Las Ventas

Tauromachie
Madrid possède trois places de taureaux. La plus importante, la Monumental , au style néomudéjar, fut inaugurée en 1934. Sa capacité est de 23 000 spectateurs et son arène mesure 60 mètres de diamètre. À l'intérieur, le Museo Taurino (Musée Taurin) avec le costume de lumières que portait Manolete le jour où il reçut un coup de corne mortel, la tête du taureau qui tua Espartero, des affiches anciennes... Les corridas les plus importantes sont celles qui ont lieu lors des fêtes du patron de Madrid, Saint Isidro, au mois de mai. Les autres arènes de corrida de Madrid sont celles des quartiers de Leganés et de Vista Alegre.
Semaine du 15 mai. Saint Isidro.
Fêtes patronales qui durent une semaine, le jour le plus important étant le 15. Corridas de taureaux, concerts, concours de danse chotis, géants de carton, costumes traditionnels de toute l'Espagne, procession et pèlerinage à la prairie du saint pour boire l'eau miraculeuse de sa fontaine.
13 juin. Saint Antonio de la Florida.
Fête en plein air autour de l'ermitage de Saint Antonio de la Florida où l'on prie pour trouver un fiancé en mettant la main dans un bénitier rempli d'aiguilles (métro Príncipe Pío).
16 juin. Vierge du Carmen.
Elle est célébrée principalement dans les quartiers de Chamberí, La Latina, Villaverde et Vallecas avec des concours de danse chotis, en autres.
7 août. Saint Cayetano.
Dans le quartier de Lavapiés, le plus populaire du vieux Madrid. La tradition est d'essayer de toucher l'image du saint afin d'obtenir du travail. L'image parcourt la Ribera de Curtidores dans les environs du Rastro (métro La Latina)
10 août. Saint Laurent.
Autour de la rue Argumosa, dans le quartier de Lavapiés. Avec kermesse et concours de danse (métro Lavapiés)
Semaine du 15 août. Vierge de la Paloma.
Une des fêtes les plus populaires, avec des kermesses de rue où l'on boit de la limonade. On sort un tableau de la Vierge qui est promené dans la rue de Toledo (métro Puerta de Toledo).
9 novembre. Vierge de la Almudena.
Patronne de Madrid. Procession très suivie. L'image sort de la cathédrale et va jusqu'à la Plaza Mayor où une messe est donnée. Offrande florale (métro Plaza de España)
31 décembre. Les 12 grumes de raisin
À la Puerta del Sol, on célèbre le nouvel an en avalant 12 grumes de raisin au rythme des douze coups de cloche qui marquent la fin de l'année.

Musées

Museo del Prado
Fermé le lundi. Métro Banco de España. Paseo del Prado. Tél. 91 420 37 68
www.museoprado.mcu.es
Museo Nacional Centro de Arte Reina Sofía
Fermé le mardi. Métro Atocha. 52, calle Santa Isabel. Tél. 917 740 000
www.museoreinasofia.mcu.es
Museo Thyssen-Bornemisza
Fermé le lundi. Métro Banco de España. 8, Paseo del Prado. Tél. 913 690 151.
www.museothyssen.org
Museo Arqueológico Nacional
Fermé le lundi, samedi et dimanche après-midi. Métro Serrano
13, calle Serrano. Tél. 915 777 912
Museo Real Monasterio de la Encarnación
Fermé le lundi et le dimanche après-midi. Métro Opéra. 1, plaza de la Encarnación
Tél. 915 420 059
Museo del monasterio de las Descalzas Reales
Fermé le lundi et dimanche après-midi. Métro Sol. Plaza de las Descalzas (sans nº). Tél. 915 597 404
Museo de la Real Academia de Bellas Artes de San Fernando
Ouvert tous les jours. Métro Sol. 13, rue Alcalá. Tél. 915 221 491
Museo de Artes Decorativas
Fermé le lundi. Métro Banco de España. 12, calle Montalbán. Tél. 915 221 740
Museo de América
Fermé le lundi. Métro Moncloa. 6, avenida de los Reyes Católicos Tél. 915 492 641
Museo Cerralbo
Fermé le lundi et les jours fériés. Métro Plaza España. 17, calle Ventura Rodríguez. Tél. 915 473 646
Museo del Ejército
Fermé le lundi. Métro Banco de España. 1, calle Méndez Núñez. Tél. 915 220 628

Museo Nacional de Ciencias Naturales
Fermé le lundi. 2, calle José Gutiérrez Abascal. Tél. 914 111 328
Museo Municipal
Fermé le lundi. Métro Tribunal 78, calle Fuencarral. Tél. 915 888 672
Fundación Lázaro Galdeano
Fermé le mardi. Métro Rubén Darío. 78, calle Fuencarral. Tél. 915 616 084
Museo Sorolla
Fermé le lundi. Métro Iglesias. 37, calle Martínez Campos. Tél. 913 101 584
Museo Nacional de Ciencia y Tecnología
Fermé le lundi. Métro Atocha. 61, paseo Delicias. Tél. 915 303 121
Museo de la Ciudad
Fermé le lundi. Métro Cruz del Rayo. 140, rue Principe de Vergara. Tél. 915 886 599
Instituto Valencia de Don Juan
Sur rendez-vous. Métro Rubén Darío. 43, calle Fortuny. Tél. 913 081 848
Museo Nacional del Ferrocarril
Fermé le lundi. Métro Palos de la Frontera. 61, Paseo de las Delicias. Tél. 902 228 822
Museo Romántico
Fermé le lundi. Métro Tribunal. 13, calle San Mateo. Tél. 914 481 071
Museo del Palacio Real
Fermé le lundi et les jours de cérémonies officielles. Métro Plaza España. Calle Bailén (sans n°). Tél. 915 420 059
Real Fábrica de Tapices
Fermé le samedi et le dimanche et les après-midi. Métro Menéndez Pelayo. 2, rue Fuenterrabía. Tél. 914 314 550
Museo Naval
Fermé le lundi. Métro Banco de España. 5, Paseo del Prado. Tél. 913 795 299
La Casa Encendida
Ouvert toute la semaine. Métro Embajadores. 2, Ronda de Valencia. Tél. 915 063 875

La Place de Oriente

Spectacles

www.madridamano.com
www.guiademadrid.com
www.ociomadrid.net
Tablaos Flamencos
Café de Chinitas (métro Santo Domingo) 7, calle Torija. Tél. 915 471 502
Axarquía (métro La Latina) 2, calle Calatrava. Tél. 913 666 603
Andalusí (métro Lima) 19, calle Capitán Haya. Tél. 915 561 439
El Corral de la Pacheca (métro Cuzco) 26, calle Juan Ramón Jiménez. Tél. 913 530 100
Casa Patas (métro Antón Martín) 10, calle Cañizares. Tél. 913 690 946
Arco de Cuchilleros (à côté de la plaza Mayor). 7, calle Cuchilleros. Tél. 914 295 675
Los Gabrieles (métro Sol). 17, calle Echegaray. Tél. 914 296 261
Teatro Real
Opéra, ballets. Métro Ópera. 1, Plaza de Oriente. Tél. 915 160 660
Auditorio Nacional de Música
Musique classique
Métro Cruz del Rayo. 146, calle Príncipe de Vergara. Tél. 913 370 100
Teatro de la Zarzuela
Zarzuela (opérettes), ballets Métro Sevilla. 4, calle Jovellanos Tél. 915 245 400
Los Veranos de la Villa
Spectacles de musique, de danse, théâtre, opéra, zarzuela et autres activités organisées par la Mairie de Madrid. Métro San Bernardo /Noviciado/Plaza de España. Patio central du Cuartel del Conde Duque. Tél. 010
Festival de Otoño
Spectacle de théâtre, de musique, de poésie, de danse, opéra et autres activités organisées par la Comunidad de Madrid. D'octobre à novembre. Dans différents endroits de Madrid et municipalités environnantes. Tél. 012

Madrid pour les enfants

Parque de atracciones
Metro Batán. Casa de Campo. Tel. 914 632 900
Zoo-Acuarium
Metro Casa de Campo. Casa de Campo. Tel. 915 123 770
Warner Bros Park
À San Martín de la Vega . Tel. 918 211 234

Musée arquéologique

Faunia
Metro Valdebernardo. Avenida de las Comunidades, 28. Tel. 913 016 210
Aquópolis
À Villanueva de la Cañada (à 30 km de Madrid). Tél. 91 815 69 33 (autobus depuis la plaza de España)
Aquópolis
À San Fernando de Henares (à 15 km de Madrid). Tél. 916 731 013
Palacio de Hielo
Métro Canillas. 77, calle Silvano. Tél. 917 160 159
Museo de la Ciencia Cosmocaixa
À Alcobendas (à 10 km de Madrid) Calle pintor Velásquez sans n°. Parque de Andalucia. Tél. 914 845 200 (Autobus 151 et 157 depuis la plaza de Castilla)
Imax Madrid
Métro Méndez Álvaro. Calle Meneses sans n°. Tél. 914 674 800
Planetarium
Métro Méndez Alvaro. Parque Tierno Galván. Tél. 914 673 898

Madrid sur Internet

Information touristique Ayuntamiento Madrid www.munimadrid.es
Information touristique Comunidad Madrid www.comadrid.es
Direction générale du tourisme www.madrid.org/turismo
Transports Comunidad de Madrid www.ctm-madrid.es
Information touristique: agence de tourisme, hôtels, entreprises de tourisme actif... www.tourspain.es
Conseils sanitaires www.msc.es/salud/exterior/consejos

Renseignements pratiques

Comment s'y rendre

Avión

Aéroport de Barajas (à 12 kms). Ligne d'autobus et métro conduisant au centre de la ville. Tél. 913 058 343

Iberia. Tel. 902 400 500
Aeroflot. Tel. 914 133 709
Air Europa. Tel. 913 937 033
Air France. Tel. 901 112 266
Tap. Tel. 913 938 253
British Airways. Tel. 913 874 303
El-Al. Tel. 915 412 005
Finnair. Tel. 902 178 178
KLM. Tel. 902 222 747
Royal Air Maroc. Tel. 915 477 905
SAS. Tel. 902 117 192
Turkish Airlines. Tel. 915 416 426

Train

Estación (Gare) de Chamartín.
Tel. 913 289 020
Estación de Atocha, Lignes de AVE (TGV).
Tel. 913 289 020
Renfe. (Réseau national de chemins de fer)
Tél. 902 240 202 www.renfe.es

Autobús

Estación Sur. Tel. 914 684 200
www.estaciondeautobuses.com

Taxis

Tele-Taxi. Tel. 914 459 008
Radio-Taxi. Tel. 914 475 180
Radio-Taxi Independiente. Tel. 914 051 213
Radio-Teléfono Taxi. Tel. 915 478 200

Où Dormir

Centrales de réservations:
AC. Tel. 902 292 293
NH. Tel. 902 115 116
Sol Melia. Tel. 915 711 616
Trip. Tel. 917 333 400
Paradores de turismo. Tel. 915 166 666

Où manger

Les plus connus

Aldaba. C/ Alberto Alcocer, 5.
Tel. 913 452 193. Cuisine basque-navarraise.
Arce. C/ Augusto Figueroa, 32.
Tel. 915 220 440. Cuisine de saison.
Asador Ansorena. C/ Capitán Haya, 55.
Tel. 915 796 451. Cuisine basque

Hôtel Ritz

Hôtel Palace

Asador Frontón. C/ Pedro Muguruza, 8.
Tel. 913 453 901. Plaza de Tirso de Molina, 7.
Tel. 913 691617. Cuisine basque-navarraise
Asturianos. C/ Vallehermoso, 94. Tel. 915 335 947. Cuisine des Asturies
Balzac. C/ Moreto, 7. Tel. 914 200 177.
Plats méditerranéens
Blanca de Navarra. C/ Avda. de Brasil, 13.
Tel. 915 555 581. Cuisine de la Navarre
Cabo Mayor. C/ Juan Ramón Jiménez, 37.
Tel. 913 508 776. Cuisine des Cantabries
Calle 54. P.º de la Habana, 3.
Tel. 902 141 412. Cuisine méditerranéenne
Carmencita. C/ Libertad, 16.
Tel. 915 316 612. Cuisine basque-castillane
Casa d'a Troya. C/ Emiliano Barral, 14.
Cuisine galicienne
Combarro. C/ José Ortega y Gasset, 40.
Tel. 915 778 272. Cuisine galicienne
El Amparo. C/ Puigcerdá, 8.
Tel. 914 316 456. Cuisine basque
El Cachirulo. C/ Concha Espina, 4.
Tel. 915 647 248. Cuisine aragonaise
La Dorada. C/ Orense, 64.
Tel. 915 702 002. . Cuisine andalouse
El Espigón. C/ Capitán Haya, 58.
Tel. 915 793 232. . Cuisine andalouse
Goizeko Wellington. C/ Villanueva, 34.
Tel. 915 770 138.Cuisine basque
Goizeko-Kabi. C/ Comandante Zorita, 37.
Tel. 915 330 214. Cuisine basque
Horcher. C/ Alfonso XII, 6.
Tel. 915 220 731. Cuisine allemande
Pedro Larrumbe. C/ Serrano, 61.
Tel. 915 751 112. Cuisine moderne. Poissons
Príncipe de Viana. C/ Manuel de Falla, 5.
Tel. 914 571 549. Cuisine basque-navarraise
Zalacaín. C/ Álvarez de Baena, 4.
Tel. 915 614 840. Cuisine créative

Café Gijón ▲

Dans le Madrid des autrichiens

- centre historique - se trouvent plusieurs restaurants très typiques.
Casa Lucio. C/ Cava Baja, 35.
Tel. 913 653 252. Jambon et patates Lucio
El Schotis. C/ Cava Baja, 11.
Tel. 913 653 230. Cuisine madrilène
Botín. C/ Cuchilleros, 17.
Tel. 913 664 217. Cuisine castillane
Casa Ciriaco. C/ Mayor, 84.
Tel. 915 480 620. Cuisine familiale

Boulevards et zone universitaire

C'est la zone des bars avec une clientèle très jeune surtout autour de la plaza de Santa Bárbara, Bilbao, Chueca, Moncloa et Malasaña.
Cervecería Santa Bárbara. Plaza Santa Bárbara, 8
Cervecería Internacional. C/ Regueros, 8
La Venta de Don Jaime. C/ Alberto Aguilera, 36. Fritures et queue de taureau
La Bilbaína. C/ Marqués de Urquijo, 27. Fruits de mer
Los Cerros de Úbeda. C/ Apodaca, 6. Tapas
La Giralda. C/ Hartzenbusch, 12. Poissons frits
Mesón Las Ollas. C/ Cardenal Cisneros, 25. Omelette espagnole et filet de porc à la plancha

Cafés de Madrid

Café de Oriente. Metro Ópera.
Plaza de Oriente, 2. Tel. 915 413 974
Café Central. Plaza del Ángel, 10.
Jazz en vivo. Tel. 913 694 143
Café Gijón. Paseo de Recoletos, 21. Le plus ancien de Madrid, célèbre pour ses réunions littéraires. Tel. 915 215 425
El Espejo. Paseo de Recoletos, 31.
Tel. 913 082 347

Achats

Les grands magasins se trouvent dans les quartiers de Sol, Callao, Argüelles y La Castellana.
El Corte Inglés:
Preciados, 3; Plaza Callao, 2; Goya, 76; Raimundo Fernández de Villaverde, 79 (Castellana); Princesa, 42; Arapiles, 10; Serrano, 47; Ginzo de Limia, s/n (La Vaguada); et route de Toledo, km 9. (Parque Sur).
Les commerces de souvenirs, dans les environs de la Plaza Mayor
Les boutiques de mode, dans les rues de Serrano et de Goya et dans les quartiers de Sol, Callao et Argüelles.
Marché aux puces (El Rastro). Jours fériés. La Latina
Marché philatélique (le dimanche matin) sur la Plaza Mayor.

Téléphones utiles

Emergencias. Tel. 112
Información de Madrid. Tel. 010
Información Comunidad de Madrid. Tel. 012
Ministerio del Interior: Ciudadanos extranjeros, pasaportes... Tel. 900 150 000
Policía Local. Tel. 092
Cuerpo Nacional de Policía. Tel. 091
Correos y Telégrafos. Tel. 902 197 197

Ambassades

Information ambassades et consulats
www.mae.es
Allemagne. Calle Fortuny, 8.
Tél. 913 199 100
www.embajada-alemania.es
Argentine. C/ Castellana, 53.
Tél. 914 424 500 www.portalargentino.net
Australie. C/ Descubridor Diego de Ordás, 3. Tél. 914 416 025 www.embaustralia.es
Canada. C/ Núñez de Balboa, 35.
Tél. 914 233 250 www.canada-es.org
Chine. C/ Arturo Soria, 113.
Tél. 915 194 242 www.embajadachina.es
Danemark. C/ Claudio Coello, 91.
Tél. 914 318 445 www.embajadadinamarca.es
États-unis. C/ Serrano, 75.
Tél. 915 774 000 www.embusa.es
France. C/ Salustiano Olózaga, 9.
Tél. 914 238 900 www.ambafrance-es.org

Restaurant Lhardy ▲

Israël. C/ Velásquez, 150. Tél. 914 111 357
www.embajada-israel.es
Italie. C/ Lagasca, 98. Tél. 915 776 529
www.ambitaliamadrid.org
Japon. C/ Joaquín Costa, 29.
Tél. 915 625 546 www.embjapon.es
Maroc. C/ Serrano, 179. Tél. 915 631 090
www.embajadamarruecos.org
Mexique. C/ Carrera de San Jerónimo, 46.
Tél. 913 692 814
www.sre.gob.mx/espana/
Norvège. C/ Castellana, 31.
Tél. 913 103 116 www.noruega.es
Pologne. C/ Guisando, 23 bis.
Tél. 913 161 365 www.embajada-polonia.org
Portugal. C/ Pinar, 1. Tél. 915 617 800
www.embajadaportugal-madrid.org
Royaume-Uni. C/ Fernando el Santo, 19.
Tél. 913 190 200 www.ukinspain.com
Russie. C/ Velásquez, 155.
Tél. 914 110 807 www.spain.mid.ru/spain
Suède. C/ Caracas, 25. Tél. 913 081 535
www.embajadasuecia.es
Suisse. C/ Núñez de Balboa, 35.
Tél. 914 313 400
www.eda.admin.ch/madrid

Rue Preciados ▼

Métro de Madrid

Train de banlieue

C-1 Alcalá de H./Alcobendas-San Sebastián
C-2 Guadalajara/Atocha/Chamartín
C-3 Atocha/Aranjuez
C-3a Pinto/San Martín de la Vega
C-4 Atocha/Parla
C-5 Móstoles-El Soto/Atocha/Fuenlabrada
C-7 Alcalá de H./Atocha/Chamartín/P. Pío/Atocha/Chamartín/Colmenar Viejo C-7

C-8 Atocha/Chamartín/Villalba
C-8a Atocha/Chamartín/El Escorial
C-8b Atocha/Chamartín/Cercedilla
C-9 Cercedilla/Cotos
C-10 Villalba/P. Pío/Atocha/Chamartín/Tres Cantos

Correspondance entre lignes
Correspondance pour Métro
Parking
Gare routière
Connexion avec aéroport

CIGARRALES DE TOLEDO
Ermita de la Virgen de la Cabeza
Ermita del Cristo de la Vega
Palacio del Nuncio
Convento Espíritu Santo
Convento de Santo domingo El Real
Convento de Sta Clara
Iglesia de San Vicente
Iglesia de San Bartolomé
Iglesia de San Andrés
RÍO TAJO
PASEO DEL CIRCO ROMANO
PASEO DE LOS CANÓNIGOS
PASEO DEL CRISTO DE LA VEGA
PASEO DE LA CAVA
AVENIDA DE LA
PO. DE LA
PASEO DE RECAREDO
AVDA DE CARLOS III
GLORIETA DE LA RECONQUISTA
CALLE DE ALFONSO VI
PZA. DE ALFONSO VI
PLAZA DE LA VIRGEN
PLAZA MOZÁRABE
PLAZA ANTEQUERUELA
CALLE ZARZA
PZA. DE LA ESTRELLA
CALLE REAL DEL
CALLE DE
SUBIDA DE LA GRANJA
PLAZA DE STO DOMINGO EL REAL
PLAZA DE LOS CARMELITAS
CRISTO DE LA LUZ
CALLE ALFILERITOS
C. DESANTACLARA
CARMELITAS
PZA. DE STA CLARA
PZA. DE LA MERCED
C. DE LA
PLAZA BUZONES
CALLE REAL
PZA. DE STO DOMINGO EL ANTIGUO
PZA. DE LAS CAPUCHINAS
LOS ALGIBES
TENDILLAS
PZA. TENDILLAS
C. DE LA PLATA
PZA. DE SANTA TERESA DE JESÚS
CTA. SANTA LEOCADIA
GARCILASO DE LA VEGA
RONDA NUEVA
PASEO DE LA
PLAZA DE S. JUAN DE LOS REYES
SAN MARTÍN
MATÍAS MORENO
COLEGIO DE DONCELLAS
PZA. DEL CARDENAL SILÍCEO
PLAZA DE STA EULALIA
PACHECO
ESTEBAN ILLÁN
PLAZA DE SAN ROMÁN
SAN ROMÁN
ALFONSO X EL SABIO
PZA. DE AMADOR DE LOS RÍOS
SAL
PLAZA DE LOS CUATRO CALLES
BAJADA DE SAN MARTÍN
ALAMILLOS DE S. MARTÍN
C. PINTOR
PLAZA DE LA VIRGEN DE GRACIA
MARÍA
PLAZA DE LA CRUZ
SAN CLEMENTE
NUNCIO VIEJO
HOMBRE DE PALO
PZA. DEL PADRE JUAN DE MARIANA
CAVA BAJA
PASEO VIRGEN DE GRACIA
LAS BULAS
PLAZA DE VALDECALEROS
PLAZA DE SAN MARTÍN
CALLE REYES
HOSP. DE S. BERNARDO
ALFONSO XII
CALLE DE LA TRINIDAD
ARCO DE PALACIO
CALLE DEL ÁNGEL
C. DE LA JUDERÍA
Plaza de San Antonio
CALLE DE SANTO
ROJAS
PLAZA DEL AYUNTAMIENTO
CARDENAL CISNEROS
CALLE STA ANA
CATÓLICOS
PLAZA DE BARRIO NUEVO
PZA. DEL CONDE
PLAZA DE EL SALVADOR
LA CIUDAD
SANTA ÚRS
SAN MARCOS
SANTA ISABEL
SAN JUAN DE DIOS
PZA. DE LOS ALAMILLOS DEL TRÁNSITO
PASEO DEL TRÁNSITO
CALLE DEL POZO
AVE MARÍA
CARRETERA DE PIEDRABUENA
CERRO DE LA CRUZ
LOS DESCALZOS
PASEO DE SAN
CRISTO DE LA PARRA
PLAZA DE SANTA ISABEL
CALLE SOLA
TORCUATO
PZA. DE STA CATALINA
STA. CATALINA
PZA. DEL CALVARIO
SAN CIPRIANO
PLAZA DE SAN CIPRIANO
SAN
CALLE VIDA POB.
PZA. CERRO DE LOS MELOJAS
RONDA CORNISA
CARR. DE S. SE
1 3 4 5 6 7 8 9 11 12 13 17 18 19 20 21 22 23 24 25 26 27 28 29

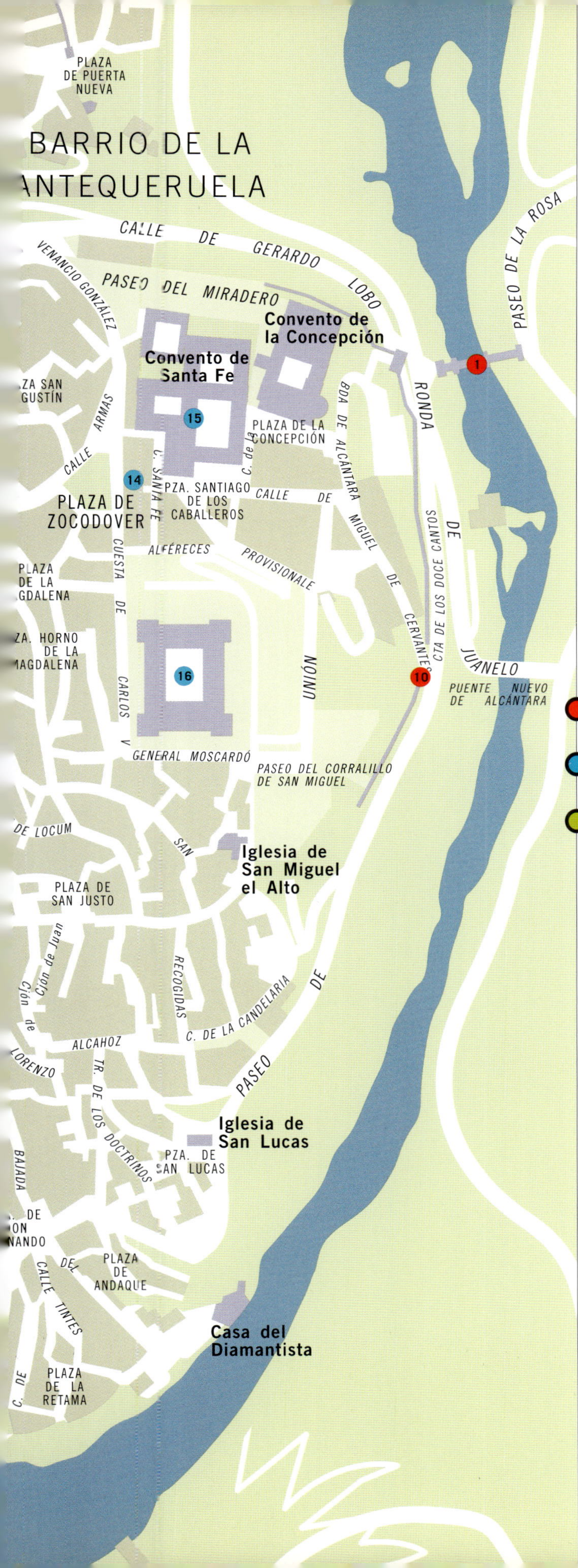

Toledo

de haut en bas

---

1. Puente de Alcántara
2. Puerta de los Alarcones
3. Puerta del Sol
4. Puerta de Valmardón o Bab al Mardum
5. Puerta Nueva de Bisagra
6. Puerta de Alfonso VI o Antigua de Bisagra
7. Puerta del Cambrón
8. Baño de la Cava
9. Puente de San Martín
10. Puerta de Doce Cantos
11. Hospital de Tavera
12. Iglesia de Santiago del Arrabal
13. Mezquita del Cristo de la Luz
14. Arco de la Sangre
15. Hospital y Museo de Santa Cruz
16. Alcázar
17. Catedral
18. Palacio Arzobispal
19. Ayuntamiento
20. Taller del Moro
21. Palacio de Fuensalida
22. Iglesia de Santo Tomé
23. Casa del Greco
24. Sinagoga del Tránsito
25. Sinagoga de Santa María la Blanca
26. San Juan de los Reyes
27. Iglesia de San Román
28. Convento de Santo Domingo el Antiguo
29. Iglesia de Santa Leocadia

Petite Histoire

La proximité de la capitale (à 71 km de Madrid) et le charme indéniable de son centre historique, déclaré Patrimoine Mondial par l'Unesco en 1986, imposent Tolède à l'heure de choisir une escapade de Madrid d'un jour ou deux. Quatre mille ans d'histoire et une superposition de cultures attendent le voyageur, blottis sur un promontoire rocheux que l'on dirait prédestiné par la nature pour accueillir une ville fortifiée. Un méandre du fleuve le Tage l'enveloppe au sud, à l'est et à l'ouest, formant ainsi un fossé naturel qui certes fit de Tolède une enclave imprenable pendant des siècles mais qui aussi freina son développement. Isolée sur sa roche, elle connut des époques de décadence et d'oubli qui lui ont permis cependant de conserver un patrimoine architectonique autrement perdu dans une ville plus dynamique.

Les premières traces de sa longue histoire datent de quatre mille ans, ce sont les restes d'un village de l'âge de Bronze découvert sur la colline du Bu, de l'autre côté de la rivière. Au II è siècle avant J.C., on mentionne déjà un village du peuple Carpetanus appelé Toletum, situé sur la colline qu'occupe aujourd'hui l'Alcazar, que la conquête romaine transforma en ville relativement grande mais jamais de première importance. Son apogée débute avec les rois wisigoths, qui la choisirent comme capitale aux VIè et VII è siècles. Bien que cette époque n'ait presque pas laissé de vestiges, Tolède reste par la suite définitivement associée au vieux royaume gothique dont le mythe de la reconstruction nourrit le désir de reconquête des rois chrétiens du Moyen Âge.

Les légendes qui attribuaient la « perte de l'Espagne » aux erreurs commises par le dernier roi wisigoth, Rodrigo, avaient toujours lieu à Tolède : c'est là que se trouvait la maison enchantée où la fin de son royaume lui fut annoncée, c'est là qu'il força Florinda la Cava, fille du gouverneur de Ceuta, lequel se vengea par une trahison sans retour. Cependant, la capitale wisigothe se rendit sans résistance aux armées musulmanes qui envahirent la péninsule ibé-

Vue nocturne de la cathédrale ▸

rique en 711. Sous ce nouveau pouvoir, qui en revanche a laissé de nombreuses traces de son passage, Tolède continua à être une ville dynamique, prospère et savante. Trois communautés religieuses d'égale importance y cohabitaient : musulmans, chrétiens et juifs. Ce fait a tellement été mis en avant ces dernières années qu'il a donné lieu au mythe de « ville des trois cultures », modèle de coexistence pacifique entre les religions « du livre ». Il est vrai qu'au cours de son histoire médiévale, avant et après la conquête chrétienne, il y eut des époques de profonde tolérance mutuelle mais les périodes de tensions ne manquèrent pas non plus. En effet, il ne faut pas oublier qu'il y eut toujours une communauté dominante, qui imposait des restrictions plus ou moins onéreuses aux deux autres.

Après la chute du califat de Cordoue, la ville devint la capitale d'un des royaumes musulmans les plus étendus et importants d'al-Andalus (Espagne musulmane). En 1085, elle retourna aux mains des Chrétiens grâce à l'habileté d'Alfonso VI de Castille, qui négocia secrètement avec le roi al-Qadir la reddition de la place après un siège simulé et en échange du royaume de Valence. La possession de la capitale wisigothe renfermait une forte charge symbolique, importante pour la suprématie sur les autres royaumes de la péninsule. Alfonso VI se dépêcha de le proclamer, utili-

Boutiques typiques ▸
Vue de Tolède ▾

Damasquinados

HOTEL

sant des titres frappants tel que *Imperator Totius Hispaniae*. La conquête étant le résultat d'un pacte, celui-ci comprenait des dispositions généreuses qui garantissaient aux musulmans le droit de conserver leurs propriétés et de pratiquer leur religion. En conséquence, beaucoup restèrent dans la capitale. Il se trouvait parmi eux des maîtres bâtisseurs et des artisans à l'origine du style mudéjar de l'architecture de Tolède des siècles suivants. Il y avait aussi des hommes de lettres et des scientifiques ; l'École des Traducteurs n'aurait pas pu naître ailleurs, elle fut créée par l'archevêque don Raimundo afin que soient traduits en latin les ouvrages arabes ou hébreux, originaux ou déjà traduits du grec. Ce fut la période la plus brillante de la ville des trois cultures, unies dans une entreprise sans précédent qui permit à l'Europe de découvrir la richesse des cultures orientales. Un siècle plus tard, Alfonso X le Sage donna un nouvel élan à l'École, en introduisant une nouveauté : les traductions ne se faisaient plus vers le latin mais en castillan, langue qu'elles contribuèrent énormément à enrichir.

Au XVIè siècle, Carlos V (Charles Quint), saisissant le lien historique de Tolède avec l'idée d'unification des territoires hispaniques, y établit la capitale de son empire. L'aigle impériale bicéphale qui orne toujours le blason de la ville et beaucoup de ses bâtiments témoigne de cette brève période qui se termina en 1561, quand Felipe II (Philippe II) choisit de transférer la cour à Madrid. Reléguée à un rôle politique secondaire, la ville conserva son prestige et son raffinement culturel qui attira un peintre crétois appelé Domenikos Theotokopoulos. Connu sous le nom de Le Greco, il résida à Tolède jusqu'à sa mort en 1614. C'est ici qu'il a réalisé les plus belles œuvres de sa vaste production qui constituent de nos jours un des principaux trésors du patrimoine artistique de Tolède.

Cependant, la ville que connut Le Greco était déjà aux portes d'une longue décadence qui ne ralentirait pas avant le dernier tiers du XXè siècle. Au cours des dernières décennies, en raison surtout de son élection comme capitale de la Communauté Autonome de Castilla-La Mancha, Tolède a commencé à sortir de sa léthargie. De nombreux édifices anciens ont été réhabilités pour y installer des logements, des négoces d'hôtellerie ou des sièges d'organismes officiels ; on a creusé, restauré et nettoyé la vieille ville sans rien lui ôter de sa magie. Tolède, dont le centre évoque une médina, n'est pas seulement un impressionnant catalogue de monuments, mais aussi un lieu où se perdre, en arpentant librement ses rues en dehors des itinéraires touristiques établis, à la recherche de ces petites trouvailles merveilleuses – un portail sculpté, un passage couvert, une inscription scellée dans un mur – qui feront de la visite une aventure amusante, personnelle et unique.

Place de Zocodover ▲

Porte de Alfonso VI ▶

Enceinte et faubourgs

Tolède conserve de son ancienne condition de place forte une grande partie de ses remparts, huit portes d'enceinte et deux ponts fortifiés sur le Tage. Une bonne manière d'aborder la ville est d'en suivre le pourtour d'où l'on découvre de merveilleuses vues d'ensemble.

Puente (Pont) de Alcántara

Construit à l'époque romaine, il fut longtemps l'unique pont sur le Tage de Tolède. Bien que reconstruit plus d'une fois, la construction d'origine est perceptible sur les arcs les plus proches de la ville. Au XIIIè siècle, ses extrémités furent renforcées de deux tours. L'arc baroque qui le précède est de l'époque de Carlos III. Face au pont, un pan de muraille épais repose sur des blocs de pierre solides et rustiques qui remontent à l'époque wisigothe. Il contient la **puerta de Alcántara** (Porte d'Alcántara), du Xè siècle. Elle constitue un exemple de porte arabe extrêmement intéressant, avec un double accès en angle pour en faciliter la défense et des arcs en fer à cheval. La muraille se dédouble vers le nord car l'enceinte dut être agrandie à l'époque musulmane afin d'englober le faubourg qui s'était développé en dehors des

Pont de Alcántara ▸

murs. Il ne reste que quelques pans de la muraille intérieure, d'origine wisigothe, et trois portes proches les unes des autres. La **puerta de los Alarcones** fut très défigurée au XVIIè siècle, mais la **puerta del Sol** conserve intacte sa structure mudéjar du XIVè s., quand elle fut construite sur ordre de l'archevêque Pedro Tenorio. Elle est composée de deux tours unies par un mur où s'ouvre une embrasure. En réalité, elle ne permet pas de franchir l'enceinte qui se trouve perpendiculaire à elle, ce qui signifie qu'elle eut probablement une fonction plus ornementale que défensive. Sa façade ouest, spectaculaire, présente un arc double en fer à cheval et, entre les deux, un curieux relief sculpté du XVIè s. qui représente le miracle de Saint Ildefonso sous les images de la lune et du soleil qui a donné son nom à l'ensemble (Porte du Soleil). La partie supérieure est décorée d'une double frise de briques avec des arcatures aveugles en forme de fer à cheval et lobulées. Le reste d'un sarcophage paléochrétien est encastré à titre décoratif dans la partie du bas. La **puerta de Valmardón** est beaucoup plus ancienne, son nom dérive de l'arabe **Bab al Mardum**, elle date du Xè s. et conserve un aspect arabe authentique bien que ses pierres furent retaillées pour donner une forme en plein cintre à l'ancien arc en fer à cheval.

Mezquita del Cristo de la Luz (Mosquée du Christ de la Lumière)

Située derrière la puerta de Valmardón, elle constitue le joyau de l'art arabe de Tolède. La construction d'origine, conservée pratiquement intacte, est une petite mosquée carrée qui date du Xè s., de l'époque du califat. Quatre colonnes avec des chapiteaux wisigoths provenant d'une autre construction antérieure divisent son espace intérieur en neuf parties recouvertes par des voûtes typiques du califat, offrant le détail exquis d'être toutes différentes entre elles. Les façades présentent une décoration abondante de briques et de maçonnerie, avec des arcatures aveugles, des frises géométriques et des inscriptions. Après la reconquête, elle fut transformée en église à trois nefs et complétée d'un chevet mudéjar où l'on a découvert récemment d'intéressantes peintures romanes. Elle doit son nom à la légende selon laquelle les conquérants chrétiens de la ville auraient trouvé à l'intérieur un Christ éclairé par une petite lumière demeurée miraculeusement allumée depuis le début de l'invasion musulmane.

Puerta Nueva de Bisagra (Porte Neuve de Bisagra)

Cette porte monumentale, qui défend le flanc vulnérable septentrional de Tolède, est celle qui reçoit les

Porte du Soleil (en haut) ▲
Mosquée du Christ de la Lumiére (en bas)
Intérieur de la mosquée du Christ de la Lumière ▶

voyageurs venant de Madrid. Elle fait partie de l'enceinte extérieure de la muraille, arabe à l'origine mais reconstruite dans sa majeure partie sous Alfonso VI. La porte est aussi d'origine musulmane mais elle fut complètement transformée par Alonso de Covarrubias au cours du règne de Carlos V pour donner à la ville une entrée digne de l'opulente iconographie impériale. Elle est constituée de deux corps séparés par un patio. À l'extérieur, se dresse un arc flanqué de deux tours rondes qui encadrent un gigantesque écusson impérial ; accessible au public, la partie supérieure de la construction offre de magnifiques vues sur la ville et les champs de céréales qui s'étendent au nord. Le corps intérieur comprend deux tours carrées, surmontées d'une toiture pentue en tuiles vernissées, blanches et vertes qui dessinent des aigles bicéphales.

Assez proche, la **puerta Antigua de Bisagra** ou de **Alfonso VI**, est celle qu'aurait franchie ce roi lors de sa première entrée dans la ville. Son nom dérive de l'arabe Bab al Sahra, « porte des champs ». C'est la seule qui conserve intacte sa structure musulmane du IXè s. Elle présente à l'extérieur un arc en fer à cheval avec un linteau de pierre, et au-dessus trois arcs en briques, celui du centre en plein cintre et ceux des côtés en fer à cheval.

Porte de Bisagra ▲ ▸

HOTEL

À peine franchie la puerta Nueva de Bisagra, dans ce qui fut le faubourg musulman, se dresse la très belle **iglesia** (église) **de Santiago del Arrabal**, dont l'origine incertaine se situe entre le XIè et le XIIIè siècle, probablement plus proche de ce dernier. Ainsi semblent l'indiquer l'aspect de gothique primitif que reflète son svelte intérieur à trois nefs, avec une voûte en ogive dans la croisée, et l'utilisation d'arcs en ogive pour la décoration exubérante de ses absides et de ses façades. Les maîtres bâtisseurs mudéjars semblent avoir épuisé toutes les possibilités décoratives que leur offrait la modeste brique.

La tour, détachée, évoque le minaret de la mosquée qu'elle fut peut-être à l'origine.

Hospital (Hôpital) de Tavera

Situé à l'extérieur des murs, bien qu'à une petite distance de la limite de la vieille ville, il fut fondé au XVIè s par le cardinal don Juan Pardo de Tavera. De cette formidable construction Renaissance, on remarque la façade faite de pierres de taille bosselées et le patio double divisé par une galerie ouverte qui relie l'entrée avec l'église. Cette dernière renferme le sépulcre du fondateur, œuvre de Berruguete. Chacune des moitiés du patio est entourée de galeries d'une élégante facture classique. Dans l'une des ailes du bâtiment, on trouve la remarquable collection de peintures des ducs de Lerma, avec des œuvres de Le Greco, Zurbarán ou Ribera, entre autres.

Vers l'ouest, la muraille continue le long de l'avenue de Recaredo jusqu'à la **puerta del Cambrón**, construite à la même époque que la puerta Nueva de Bisagra dont elle répète le schéma mais dans de plus petites proportions, avec deux corps surmontés de tours et entre eux, un petit patio couvert. Peu après, l'enceinte fortifiée aboutit au Tage, au bord duquel on peut voir une petite construction arabe connue comme le **Baño de la Cava** (Bain de la Cava).

Même si la légende situe en ce lieu le début des amours entre le roi don Rodrigo et la fille du comte don Julián, il s'agit en réalité de la tête d'un pont de barques détruit par une inondation en 1203.

Puente de San Martín (Pont de Saint Martin)

Construit au XIIIè, il est reconstruit au XIVè par l'archevêque Pedro Tenorio. L'arc en ogive du centre, large de 40 mètres et haut de 27, est alors exceptionnel. Deux tours protègent ses extrémités. Après avoir disparue, l'enceinte fortifiée ressurgit au bout de l'avenue de Cabestreros avec la modeste **puerta de Doce Cantos**, d'origine arabe, puis rejoint finalement la puerta de Alcántara.

Ponte de Saint Martin ▲
Ponte de Saint Martin (en haut) ▶
Hôpital de Tavera (en bas à gauche)
Porte du Cambrón (en bas à droite)

La Cathédrale et l'alcazar

N'importe quelle vue d'ensemble de Tolède est présidée par la puissante silhouette de ces deux constructions, symboles des deux pouvoirs, le temporel et le spirituel, possédés par la ville du Tage pendant des siècles.

Cathédrale

Sans la moindre exagération, on peut dire que c'est l'un des chefs-d'oeuvre du gothique, non seulement espagnol mais aussi universel. Siège de l'archevêque cardinal primat d'Espagne depuis l'époque wisigothe, elle conserva ce rang sous la domination musulmane, avec pour résultat la situation paradoxale de ses évêques qui avaient juridiction sur des diocèses situés dans les royaumes chrétiens rebelles au califat.

La construction qui incarne cette autorité fut construite entre les XIII et XVè s. sur la mosquée principale de la ville musulmane. Le temple musulman avait été consacré au culte chrétien un an après la conquête, ce qui constituait une transgression des clauses du pacte de reddition qui permettaient aux musulmans de conserver leurs lieux de prière. En forme de croix latine, elle comprend cinq nefs et un

Vue de la cathédrale ▸

double déambulatoire. Aux deux extrémités des bras du transept s'ouvrent deux portes gothiques : au nord la Puerta del Reloj (Porte de l'Horloge), du début du XIVè s. et au sud la Puerta de los Leones (Porte des Lions), excellent ouvrage de style hispano-flamand de la moitié du XVè s. À proximité de cette dernière, la puerta Llana (Porte Plain-Pied) est la seule qui se trouve au même niveau que la rue, raison pour laquelle on passe par elle pour sortir l'ostensoir le jour du Corpus Christi (Fête-Dieu). Aux pieds du temple, la façade principale, spectaculaire, montre trois portails gothiques du XVè s. : la puerta del Perdón (Portail du Pardon), au centre, et ceux plus petits, del Infierno (de l'Enfer) à gauche, et del Juicio Final (du Jugement Dernier), à droite. Deux hautes tours devaient à l'origine flanquer cette façade mais seule la tour septentrionale fut terminée. Elle est couronnée par un pinacle gothique flamboyant du XVè s. et une flèche du XIXè s. décorée de couronnes. À cause de la faiblesse de ses fondations, on ne bâtit de la tour méridional qu'un premier tronçon, sur lequel repose une coupole du XVIIè s.

À l'intérieur, on remarque la Capilla Mayor (le Sanctuaire, avec le maître-autel), fermée par une des plus belles grilles de la Renaissance espagnole. Elle est dominée par un retable gothique en bois polychrome réalisé par les principaux artistes flamands qui travaillaient en Espagne à la fin du XVè s. Le Coro (le Chœur, avec les stalles) situé au centre de la nef principale, possède un ensemble fantastique de stalles, commencé par Rodrigo Alemán au temps des Rois Catholiques, avec des scènes de la guerre de Grenade et terminé par Felipe Bigarny et surtout par Alonso de Berruguete qui a façonné les plus belles d'entre elles.

Dans le déambulatoire, derrière le maître-autel, on découvre le célèbre Transparente (Transparent) de Narciso de Tomé (1721-1723) construit pour illuminer la niche du tabernacle, situé derrière le maître-autel. À cette fin, on ouvrit un puits de lumière décoré de peintures dans la voûte du déambulatoire. En outre, en dessous du puits, un retable baroque théâtrale camoufle l'ouverture par laquelle la lumière pénètre dans la niche au moyen d'une débauche de marbres et de bronzes, simulant ainsi une apparition divine.

Parmi les chapelles du déambulatoire, on remarque la richesse de la grande chapelle de saint Jacques (Capilla de Santiago), fondée par le connétable don Álvaro de Luna, longtemps favori de Juan II de Castilla avant de tomber en disgrâce et d'être décapité en 1453. Son sépulcre et celui de son épouse président ce ravissant exemplaire du gothique flamboyant. À côté d'elle, l'opulente capilla de San Ildefonso est une œuvre du XIVè s. commandée par le cardinal Gil de Albornoz dont on voit le sépulcre au centre.

Intérieur de la cathédrale ▲

Vue de la cathédrale ▶

Le retable, par contre, est néoclassique, du XVIIIè s. La collection du Musée de la Cathédrale qui se trouve dans la sacristie et d'autres salles annexes conserve l'exceptionnelle custodie ciselée en 1517 par Enrique de Arfe. L'artisan utilisa plus de 200 kg d'or et d'argent doré pour façonner ce joyau qui parcourt chaque année les rues de Tolède lors de la procession du Corpus Christi.

La façade principale de la cathédrale domine une grande place sur laquelle donnent aussi les façades du Palacio Arzobispal (Palais de l'Archevêché) de style Renaissance, commandé par le Cardinal Tavera à Covarrubias. On peut y voir également la Mairie (Ayuntamiento), commencée à la fin du XVIè s. par Juan de Herrera et Jorge Manuel Theotocópuli, fils de Le Gréco, dans un style qui annonce déjà la transition vers le baroque.

Plaza de Zodocover

Depuis toujours, les rues les plus animées et commerciales de la vieille Tolède sont celles qui relient la cathédrale avec cette place dont le nom arabe d'origine, Suk al Dawad, signifiait marché aux bêtes. Elle constitue toujours le point de rencontre des éleveurs de la province pour y conclure leur marché.

Place de Zocodover (en haut) ▲
Cloître de l'hôpital de Santa Cruz (en bas)
Façade de l'hôpital de Santa Cruz ▶

L'Alcazar

La colline qui abrita le premier noyau d'habitations de Tolède fut par la suite le siège de tous les pouvoirs temporels qui se sont succédé dans la ville, depuis le prétoire romain jusqu'à l'alcazar arabe en passant par une forteresse wisigothe. Au XVIè s., Carlos V décida de remplacer le château médiéval par une résidence royale digne d'une capitale d'empire telle qu'était devenue Tolède avec lui. Mais l'ambitieux projet fut écourté à cause du transfert de la cour à Madrid en 1561. Malgré tout, Felipe II finança son achèvement. Au cours des siècles suivants, il eut des usages aussi divers que ceux de prison d'État, de maison de charité, d'académie militaire, en plus de souffrir plusieurs incendies qui obligèrent à le reconstruire plus d'une fois. Pendant la guerre civile, l'Armée républicaine lui fit subir un dur siège qui se termina par sa destruction quasi totale, si bien qu'actuellement il ne reste pas grand chose de l'ouvrage initial. Cependant, comme les plans d'origine ont toujours été respectés, il conserve l'allure sans conteste Renaissance que lui donnèrent ses premiers architectes, Alonso de Covarrubias et Juan de Herrera. Sobre, majestueux, un peu inquiétant aussi, il est de plan carré avec quatre tours aux angles, également carrées et surmontées de flèches ardoisées. En son centre, un grand patio. La façade sud, typique du style de Herrera, est la seule qui survécut au bombardement de 1936. Les portails septentrional et occidental, le patio et l'escalier monumental sont du style plateresque de Covarrubias.

Hôpital et Musée de Santa Cruz

Depuis Zodocover, un petit passage couvert descend jusqu'au fleuve en passant par l'**arco de la Sangre** (arc du Sang) qui reliait entre elles la médina et la citadelle. Derrière l'arc, sur la gauche, on peut voir la magnifique façade plateresque de l'hôpital fondé en 1494 par le cardinal González de Mendoza. Il fut conçu par Alonso de Covarrubias, auteur de l'élégant portail-retable, et par les frères Egas. Le vaste espace intérieur est organisé selon un plan de croix grecque, avec deux niveaux qui abritent une importante collection d'œuvres d'art et de documents, les immenses étendards de la bataille de Lépante et quelques œuvres magistrales de Le Gréco. Le cloître, de deux étages reliés par un escalier monumental réalisé par Covarrubias, héberge, avec les sous-sols, la collection d'archéologie.

L'alcazar ▸

Les trois cultures

À l'ouest de la ville se trouvent les quartiers où la juxtaposition d'architectures arabes, hébraïques et chrétiennes évoquent la Tolède médiévale multiculturelle. Cette zone, qui englobe l'ancien quartier juif, est de nos jours encore un des espaces les plus suggestifs de Tolède, celui qui excita le plus l'imagination des poètes romantiques et dans lequel la promenade vagabonde réserve les plus belles surprises.

San Juan de los Reyes (Saint Jean des Rois)

À côté de la puerta del Cambrón, à la limite du quartier juif, se dresse ce monastère fondé par les Rois Catholiques en 1476 pour commémorer la victoire de Toro sur les partisans de la Beltraneja, puis confié aux Franciscains qui l'occupent encore. Avant la conquête de Grenade, il était destiné à servir de panthéon royal, ce qui explique sa fière architecture. Toutes les possibilités artistiques qu'offre le gothique flamboyant sont utilisées pour la glorification des monarques fondateurs dont les symboles, le joug et les flèches, sont représentés inlassablement, parfois dans des proportions colossales. Le

Saint Jean des Rois ▸

Flamand Juan Gas fut chargé de mettre en œuvre ce projet. L'extérieur conserve une certaine retenue avec une décoration de pinacles ajourés et d'arcatures aveugles, qui complètent un portail du XVIIè. Les curieuses chaînes qui pendent sur les murs proviennent des chrétiens libérés pendant la guerre de Grenade. L'intérieur est délibérément grandiose, en particulier le grand espace de l'église avec une seule nef et des petites chapelles et une Capilla Mayor (Sanctuaire) octogonale présidée par deux grands écussons. Le cloître, conçu par Enrique Egas, est également imposant. La galerie inférieure est composée d'arcs gothiques flamboyants, de voûtes de croisée d'ogives et de sculptures décoratives abondantes ; la galerie supérieure, plus simple, est faite d'arcs en accolade et de plafonds à caissons en bois peint.

Sinagoga de Santa María la Blanca (Synagogue de Sainte Marie la Blanche)

En continuant par la rue de los Reyes Católicos, on découvre un jardin retiré et paisible qui cache cette syna-

Saint Jean des Rois ▲

Saint Jean des Rois ▶

gogue bâtie à la fin du XIIè s., sous le règne tolérant d' Alfonso VIII. En 1411, peu après la révolte sanglante antisémite de 1391 qui asséna un coup presque mortel à la communauté juive, elle fut transformée en église. Malgré sa petite taille, elle contient cinq nefs, séparés par des arcs en fer à cheval surmontant des piliers octogonaux dotés de grands chapiteaux décorés finement d'ananas et de rubans. Les arcs sont agrémentés d'arcatures aveugles polylobés. Le chevet fut modifié au XVIè s. par l'addition de voûtes et de retables plateresques.

Sinagoga del Tránsito y Museo Sefardi (Synagogue de la Dormition et Musée Séfarade)

Cette synagogue, proche de la précédente mais plus luxueuse, fut fondée au XIVè s. par le trésorier de Pedro I Samuel ha Leví. Après l'expulsion des juifs en 1492, elle fut également convertie en église. Son espace s'articule autour d'une grande salle de prière, décorée de plâtres sculptés polychromes de style nazarite, d'inscriptions hébraïques et d'arcs polylobés, et couverte d'un riche plafond à caissons mudéjar avec des incrustations de nacre. On peut voir dans le chevet la niche qui accueillait la Torah et sur le côté la tribune réservée aux femmes. Il s'agit maintenant du Musée Séfarade qui offre un parcours intéressant au travers de la culture juive, depuis ses origines jusqu'à nos jours. Le judaïsme séfarade originaire d'Espagne, qui a conservé ses traits distinctifs dans le monde entier, y est traité plus particulièrement.

Derrière la synagogue se trouve la maison dite de Le Greco (**casa de El Greco**) ainsi nommée depuis l'acquisition et la restauration par le marquis de la Vega-Inclán de cette demeure qu'il identifia à tort comme celle qu'aurait habitée l'artiste. Malgré cette mystification, la maison, située sur le terrain de l'ancien palais de Samuel ha Leví, présente l'intérêt majeur de reproduire fidèlement ce qu'était une demeure typique à Tolède à l'époque de Le Greco. De plus, elle héberge une excellente collection de peintures, constituée non seulement de peintures du Crétois mais aussi de plusieurs artistes espagnols du XVIIè s.

Non loin d'ici, la **iglesia de Santo Tomé** (église de Saint Thomas) conserve le chef d'œuvre du peintre, L'enterrement du comte d'Orgaz. Il ne reste de la première construction mudéjar de l'église que son élégante tour, qui date de la reconstruction financée par Gonzalo Ruiz de Toledo, comte d'Orgaz, au XIVè s. En honneur à cet illustre bienfaiteur, la paroisse chargea le peintre crétois, deux siècles plus tard, de peindre la légende pieuse de son enterrement miraculeux par Saint Étienne et Saint Augustin. Le Greco en fit une allégorie exaltée de la gloire

Intérieur de la synagogue de la Dormition ▲

Synagogue de la Dormition ▶

céleste mais aussi une galerie magistrale de portraits de personnages contemporains parmi lesquels il s'inclut avec son fils. Terminé en 1588, le tableau n'a jamais abandonné l'église, l'espace qu'il occupe a été isolé au moyen d'une cloison afin de faciliter l'entrée depuis la plaza del Conde. C'est sur cette dernière que s'ouvre le portail gothique (XVè s.) du **palacio** (palais) de **Fuensalida,** aujourd'hui siège de la Présidence de Castilla-La-Mancha. Au dos de ce bâtiment, auquel il appartint sans doute, le petit et curieux **taller del Moro** (atelier du Maure) fut à une époque l'atelier des artisans mudéjars qui travaillaient à la cathédrale. Il est constitué d'une grande salle rectangulaire, flanquée de pièces plus petites, et décorée de plâtres élégants et d'un magnifique plafond à caissons. On y trouve une petite collection arquéologique d'arts appliqués.

Iglesia de San Román et Museo de los Concilios (Église de Saint Romain et Musée des Conciles)

Un peu à l'écart des itinéraires touristiques les plus fréquentés, San Román vaut le détour afin de ne pas oublier que Tolède fut, en premier lieu, la brillante capitale du royaume wisigoth. Pour célébrer cette importante période historique, on a créé le Musée des Conciles et de la Culture Wisigothe qui en rassemble les vestiges dans un espace qui vaut en soi la visite. Il s'agit d'une église mudéjar du XIIIè s., quoique probablement d'origine plus ancienne, avec trois nefs séparées par des arcs en fer à cheval élevés sur des chapiteaux wisigoths et mozarabes qui proviennent de constructions antérieures. Les nefs sont décorées avec une profusion de magnifiques peintures romanes. Au XVIè s., l'église fut réformée par Covarrubias, qui unit la tour, à l'origine détachée, au chevet dont il modifia l'intérieur avec une coupole à caissons.

Non loin de San Román, une petite place retirée abrite l'entrée du **couvent de Santo Domingo el Antiguo,** de religieuses cisterciennes, dont l'église héberge un retable qui fut la première commande qu'exécuta Le Gréco à Tolède, mais seuls trois des toiles d'origine y sont conservées. Le peintre fut enterré dans la crypte et l'urne qui contient ses restes peut se voir au travers d'une claire-voie. Contiguë au couvent, l'**église de Santa Leocadia,** ne conserve de son style mudéjar du XIIIè s que l'extérieur : l'abside, la tour et le portail nord présentent la décoration typique d'arcatures en briques, alors que l'intérieur a été complètement transformé.

Église de Santo Tomé ▲
Maison de Le Gréco ▶

SORTIE
SALIDA
EXIT

Loisirs

Fêtes

Corpus Christi. Jour variable du mois de juin. Les rues du centre de la ville sont décorées de tentures, de fleurs et de banderoles pour honorer le passage de la procession religieuse et civile, très colorée, qui accompagne le Saint Sacrement que renferme la célèbre custodie de Arfe, chef d'œuvre de l'orfèvrerie Renaissance.

Musées

Maison de El Greco.
calle Samuel Leví, sans numéro. Tél. 925 224 046. Mardi-samedi, 10.00-14.00 h. et 16.00-20.00 h; dimanche 10.00-14.00 h. Lundi fermé.
Musée des Conciles et de la Culture Wisigothe.
San Román, s/n. Tél. 925 227 872. Mardi-samedi, 10.00-14.00 h. et 16.00-18.30 h; dimanche 10.00-14.00 h. Lundi fermé.
Musée Duque de Lerma (Hospital Tavera).
2, calle Cardenal Tavera. Tél. 925 220 451. Lundi -dimanche, 10.30-13.30 h. et 15.30-18.00 h.
San Marcos. Centre d'Interprétation de Tolède.
Exposition permanente *Claves de Toledo* (Clefs de Tolède). 7, calle Trinidad. Tél. 925 221 616. Mardi-samedi, 10.00-20.00 h. (hiver) et 10.30-20.30 h. (été); dimanche, 10.00-14.00 h. Lundi, seulement groupes.
Musée de Santa Cruz.
3, calle Cervantes. Tél. 925 221 036.
Lundi, 10.00-14.00 h. et 16.00-18.30 h.
Mardi-samedi, 10.00-18.30 h.
Dimanche, 10.00-14.00 h.
Église de Santo Tomé.
(L'enterrement du comte d'Orgaz).
Plaza del Conde, s/n. Tél. 925 256 098.
Lundi-dimanche, 10.00-18.00 h. (hiver) et 10.00-19.00 h. (été).
Musée Sépharade (Synagogue del Tránsito).
Samuel Leví, s/n. Tél. 925 223 665.
Mardi-samedi, 10.00-14.00 h. et 16.00-18.00 h. (hiver); 10.00-14.00 h. y 16.00-21.00 h. (été); dimanche, 10.00-14.00 h. Lundi, fermé.
Synagogue de Santa María la Blanca.
4, calle Reyes Católicos. Tél. 925 227 257.
Lundi-dimanche, 10.00-18.00 h.(hiver) et10.00-19.00 h. (été).
San Juan de los Reyes.
2, calle San Juan de los Reyes.
Tél. 925 223 802. Lundi-dimanche, 10.00-18.00 h. (hiver) et 10.00-19.00 h.(été).
Mosquée du Cristo de la Luz.
10, cuesta de Carmelitas Descalzos.
Tél. 925 254 191. Lundi-dimanche, 10.00-18.00 h. (hiver); 10.00-14.30 h. et 15.30-19.00 h. (été).

Corpus Christi ▾

Renseignements pratiques

Comment s'y rendre?

Automobile
Depuis Madrid, par l'autoroute A-42 (71 Km).

Train
Gare Renfe: Paseo de la Rosa, s/n.
Tél. 925 223 099.
Information et réservations
Renfe: 902 240 202. www.renfe.es

Autobus
Gare routière: Avenida de Castilla-La Mancha, s/n. Tél. 925 215 850.
Les autobus depuis Madrid partent de la gare routière de Méndez Álvaro (Estación Sur). Tél. 914 684 200.
www.estaciondeautobuses.com

Adresses et téléphones utiles

Agences de tourisme
1, plaza del Ayuntamiento
Tél. 925 254 030.
turitoledo@line-pro.es
Puerta de Bisagra, sans numéro
Tél. 925 220 843.

Téléphones utiles
Police locale: 092 et 925 269 713.
Police nationale: 091 et 925 213 400.
Mairie de Tolède: 925 269 700.
Taxis: 925 255 050 / 925 227 070.

Tolède sur Internet
www.castillalamancha.es/clmturiocio
www.ayto-toledo.org
www.guiatoledo.com

Où dormir

Parador de Toledo (****)
Cerro del Emperador, sans numéro.
Tél. 925 221 850
www. parador.es
toledo@parador.es
Doménico (****)
Cerro del Emperador, s/n. Tél. 925 280 101

Armure ▲

Artisan ▲

www.hoteldomenico.com
hoteldomenico@hoteldomenico.com
El Cardenal (***)
24, paseo de Recaredo, 24. Tél. 925 224 900
www.hostaldelcardenal.com
cardenal@hostaldelcardenal.com
Pintor El Greco (***)
13, Alamillos del Tránsito. Tél. 902 154 645
www.hotelpintorelgreco.com
info@hotelpintorelgreco.com
Santa Isabel (**)
24, Santa Isabel. Tél. 925 253 120
www.santa-isabel.com
Hostal Santo Tomé (**)
13, Santo Tomé. Tél. 925 221 712
www.hostalsantotome.com
info@hostalsantotome.com
Albergue juvenil (auberge de jeunesse)
Castillo de San Servando.
Tel. 925 224 554.
castillosanse@terra.es
Information et réservation:
7, place Zocodover. Tél. 925 267 729

Où manger

Restaurants pour gourmets

Adolfo
6, calle Granada. Tél. 925 227 321
Spécialité: le gibier. Les massepains faits maison sont également très connus
Casa Aurelio
1, Sinagoga. Tél. 925 221 392
6, Sinaogoga. Tél. 925 222 097.
4, pza. del Ayuntamiento, 4. Tel. 925 227 716.

Cuisine régionale (Castilla La Mancha)

La Lumbre
3, Real de Arrabal. Tél. 925 220 373.
Spécialités de viandes.
Casón de los López de Toledo
3, Sillería.
Tél. 925 254 774.
Cuisine créative avec des produits régionaux
La Perdiz
7, Reyes Católicos.
Tél. 925 214 658.
Cuisine régionale

Tapas

Trébol
Callejón de Santa Fe (à côté du Museo de Santa Cruz).
La Abadía
1, Núñez de Arce.
Ludeña
Pza. de la Magdalena.
La Ría
6, Bodegones.
La Tarasca
8, Hombre de Palo.

Achats

Massepains

Santo Tomé. 5, Santo Tomé et 11, plaza Zocodover.
Telesforo. 17, plaza Zocodover.

Damasquinages

Damasquinos Arroyo. 2 et 3, plaza del Consistorio / 6, Trinidad.
www.armaduras-arroyo.com

Broderies de Lagartera

L. Simón. 20-22, San Juan de Dios.

Céramique

A. Serrano. 16, San Juan de Dios.

Cadeaux

La Catedral. Cardenal Cisneros (en face de la Puerta Llana de la cathédrale).

Produits alimentaires

Florentino Cuartero. 5, Hombre de Palo.

Édition et réalisation: **Ediciones Aldeasa**
Traduction: **Mathilde Hugrel**
Conception graphique: **Antonio Ochoa de Zabalegui**
Maquette: **José María Carrizo**
Cartographie: **Paul Coulbois**
Photomécanique: **Lucam**
Impression: **TF. Artes Gráficas**

Plans du métro, du métro Sud et des trains de banlieue, offerts par le Consortium Régional des Transports de Madrid.

I.S.B.N: 84-8003-939-6
Depósito legal: M-7987-2005